365 unglaubliche Fußball Fakten für Kinder!

Das Fußball Buch mit einzigartigem Wissen und
spannenden Fakten für echte Fußballfans

FALCO MAUTNER

365 UNGLAUBLICHE FUSSBALL FAKTEN

für Kinder

Das Fußball Buch mit einzigartigem Wissen und spannenden Fakten für echte Fußballfans

Inhalt

Anpfiff:
Dein Fußball Abenteuer
beginnt jetzt!

Hey, zukünftiger Fußball-Experte!

Stell Dir vor, Du wirst zum wandelnden Fußball-Lexikon, zum Star in der Schule und zur Heldin oder zum Helden unter Deinen Freunden – und das alles dank eines einzigen Buches. „365 spannende Fußballfakten" ist mehr als nur ein Buch; es ist Dein täglicher Begleiter in die aufregende Welt des Fußballs, vollgepackt mit Wissen, das Dich begeistern wird. Bist Du bereit, in diese spannende Welt einzutauchen?

Jeden Tag ein neues Fußballwunder

Stell Dir vor, jeden Morgen erwachst Du zu einer neuen, faszinierenden Geschichte aus der Welt des Fußballs. Von epischen Spielen, die die Geschichte verändert haben, bis zu den unglaublichsten Momenten auf und neben dem Platz – dieses Buch bringt Dir jeden Tag eine neue Erkenntnis. Dein Alltag wird nie wieder derselbe sein, denn jeder Tag wird zu einer neuen Chance, Deine Liebe zum Spiel zu vertiefen.

Überrasche und beeindrucke mit Deinem Wissen

Mit jedem Fakt, den Du lernst, wirst Du mehr zum Fußballkenner. Stell Dir vor, wie Du Deine Freunde und Familie mit spannenden Geschichten und Fakten beeindruckst, die nur echte Fans kennen. Du wirst zum Mittelpunkt jeder Fußball-Diskussion und zur gefeierten Expertin oder zum gefeierten Experten in Deinem Freundeskreis.

Sei der Held in der Schule

Dein neues Fußballwissen wird Dich auch in der Schule zum Star machen. Fußball ist viel mehr als nur ein Spiel – es ist ein Spiegel von Geschichte, Kultur und Geografie. Dein Wissen wird Dir helfen, in Diskussionen zu glänzen und selbst Deine Lehrer und Lehrerinnen zu beeindrucken.

Bleib immer am Ball

Von den aufstrebenden jungen Talenten bis hin zu den neuesten technologischen Durchbrüchen im Fußball, dieses Buch hält Dich auf dem neuesten Stand. Du wirst die aktuellen Trends und Entwicklungen im Fußball nicht nur verfolgen, sondern verstehen und schätzen lernen.

Das Bonuskapitel: EM 2024 in Deutschland

Freu Dich auf das exklusive Bonuskapitel zur EM 2024. Erfahre alles über das bevorstehende Turnier, von der Geschichte der EM bis zu den aufregendsten Teams und Spielern, die Du im Auge behalten solltest. Spüre die Vorfreude auf eines der größten Sportereignisse in Deinem Heimatland.

Quizinhalte und Fragen

Um Dein Wissen zu vertiefen und zu testen, beinhaltet das Buch nicht nur wertvolle Informationen, sondern auch eine Reihe von Quizfragen und Herausforderungen am Ende jedes Kapitels. Diese interaktiven Elemente machen das Lernen noch spannender und bieten Dir die einmalige Möglichkeit, das Gelernte zu festigen und Deine Kenntnisse zu überprüfen. Teile Deine Erkenntnisse mit anderen und nutze die Gelegenheit, Dich mit Freunden und Familie in den verschiedenen Themengebieten zu messen. Die Lösungen zu allen Quizfragen findest Du am Ende des Buches, was Dir hilft, Dein Wissen Schritt für Schritt zu erweitern und zu vertiefen.

Dein täglicher Begleiter

Ob als tägliche Lektüre, als Nachschlagewerk, als inspirierende Gute-Nacht-Geschichte oder als perfektes Geschenk für einen Fußballfan – „365 spannende Fußballfakten" ist Dein Schlüssel zu einer Welt voller Spannung, Leidenschaft und unvergesslicher Momente. Deine Reise in die Welt des Fußballwissens beginnt jetzt.

Bereit, Dein Fußballwissen auf ein neues Level zu heben? Dann öffne „365 spannende Fußballfakten" und tauche ein in eine Welt voller Spannung, Leidenschaft und unvergesslicher Momente.

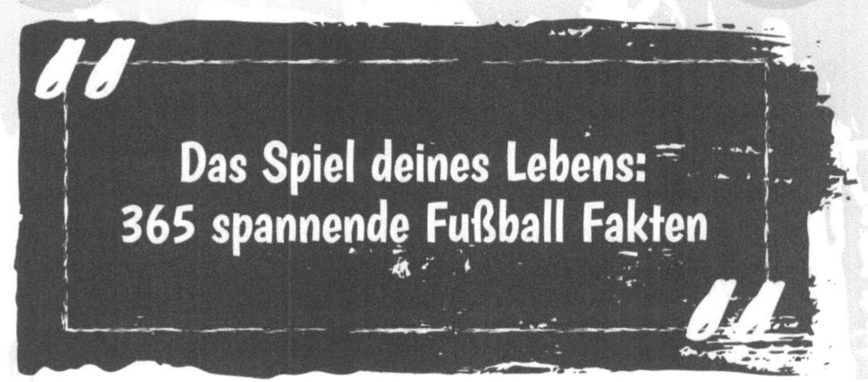

Willkommen im Herzstück unseres Fußballabenteuers! Hier im Hauptteil des Buches entdeckst Du die faszinierende Welt des Fußballs in all ihren Facetten. Jedes Kapitel ist wie ein eigenes Spiel, voller Action, Emotionen und unvergesslicher Momente.

Jedes Kapitel bringt Dich näher an die Geheimnisse und Wunder dieses wunderbaren Spiels. Vom ersten legendären Tor bis hin zu den neuesten Talenten auf dem Spielfeld. Von der glorreichen Geschichte und legendären Spielen bis hin zu den größten Stars und bahnbrechenden Technologien – wir decken alles ab. Also mach Dich bereit, auf eine spannende Reise zu gehen, bei der Du jeden Tag etwas Neues und Aufregendes über Deinen Lieblingssport lernst. Es ist Zeit, den Ball ins Rollen zu bringen und in eine Welt voller Überraschungen, Triumph und unvergesslicher Geschichten einzutauchen!

Die Anfänge des Spiels: Eine Zeitreise

Stell dir vor, du springst in eine Zeitmaschine und reist zurück zu den allerersten Tagen des Fußballs – eine faszinierende Reise in die Vergangenheit dieses weltweit geliebten Sports. Fußball, wie wir ihn heute kennen, hat eine reiche und vielfältige Geschichte, die weit in die Antike zurückreicht. Verschiedene Kulturen spielten über Jahrhunderte hinweg ihre eigenen Versionen von Ballspielen, von den alten Chinesen mit ihrem Spiel „Cuju" bis hin zu den römischen und mittelalterlichen Ballspielen in Europa. Aber der moderne Fußball, der Millionen von Fans begeistert, begann seine eigentliche Form im 19. Jahrhundert in England anzunehmen. Hier kamen verschiedene Schulen und Universitäten zusammen, um die ersten offiziellen Regeln zu etablieren – ein entscheidender Schritt, der den Weg für den heutigen Profisport ebnete.

Dieses Kapitel nimmt dich mit auf eine spannende Reise, auf der du entdeckst, wie aus einfachen Ballspielen das Phänomen Fußball entstand, das heute von Brasilien bis nach Japan, von Norwegen bis nach Südafrika gespielt und geliebt wird. Wir erkunden, wie der Fußball sich entwickelte, welche Herausforderungen er überwand und wie er zu einem globalen Phänomen wurde, das nicht nur ein Spiel, sondern ein integraler Bestandteil der Kultur vieler Länder ist. Bereite dich auf eine spannende Entdeckungsreise vor, die zeigt, wie der Fußball die Welt erobert hat!

Wer hat Fußball erfunden?

Fußball, wie wir ihn kennen, hat eine richtig spannende Geschichte, die viel weiter zurückgeht, als Du vielleicht denkst! Es begann alles vor Tausenden von Jahren, als in alten Kulturen wie China, Griechenland und Rom Spiele gespielt wurden, die unserem heutigen Fußball ziemlich ähnlich waren. Der moderne Fußball, der jetzt in Stadien weltweit gespielt wird, wurde aber im 19. Jahrhundert in England entwickelt. Dort gründeten ein paar kluge Köpfe 1863 die Football Association und legten die ersten offiziellen Regeln fest. So entstand das Spiel, das heute Millionen von Fans begeistert!

Der älteste Fußballclub der Welt

Stell dir mal vor, der allerälteste Fußballclub der Welt ist der Sheffield FC, und die Jungs haben schon 1857 angefangen zu kicken! Das ist echt eine Ewigkeit her – damals war die Welt noch ganz anders. In Sheffield, England, haben ein paar Fußballfans diesen Club gegründet, und er hat alle Höhen und Tiefen des Fußballs miterlebt. Heute ist der Sheffield FC nicht nur ein Fußballverein, sondern ein echtes Stück Fußballgeschichte. Denk nur mal dran, dieser Club hat Fußball gespielt, bevor es Autos oder Flugzeuge gab. Das ist so, als würdest Du eine Zeitmaschine zurück in die Anfänge des Fußballs nehmen!

Das erste Kopfballtor in einer Fußball-WM

Das erste Tor, das jemals bei einer Fußball-Weltmeisterschaft mit einem Kopfball erzielt wurde, kam 1930 von dem französischen Spieler Lucien Laurent. Es war auch das erste Tor in der Geschichte der Fußball-Weltmeisterschaften.

Fußball wird olympisch

Fußball bei den Olympischen Spielen gab es zum ersten Mal im Jahr 1900. Das war ein riesiger Schritt für den Sport, denn damit wurde Fußball offiziell zu einem Teil der weltweit größten Sportveranstaltung. Damals traten nur ein paar Teams gegeneinander an, aber es war der Anfang von etwas Großem. Diese Aufnahme in die Olympischen Spiele zeigte, wie beliebt Fußball bereits war und wie sehr er noch wachsen würde. Seitdem ist Fußball bei den Olympischen Spielen ein Highlight, bei dem junge Talente und etablierte Stars aus aller Welt ihr Können zeigen. Damit hat der Fußball einen wichtigen Platz in der internationalen Sportwelt eingenommen und ist aus dem Olympischen Programm nicht mehr wegzudenken.

Der erste afrikanische Verein im europäischen Fußball

ASEC Mimosas aus der Elfenbeinküste war der erste afrikanische Fußballverein, der einen Kooperationsvertrag mit einem europäischen Club, nämlich mit Paris Saint-Germain, unterzeichnete.

Der erste Fußball-Weltmeister

1930 war ein Jahr, das in die Fußballgeschichte einging, denn da wurde Uruguay zum ersten Mal Fußball-Weltmeister. Dieses historische Ereignis fand bei der allerersten Fußball-Weltmeisterschaft statt, die – noch spannender – auch in Uruguay selbst ausgetragen wurde. Im Finale besiegten sie Argentinien und sicherten sich so den Titel. Das war nicht nur ein Riesenmoment für Uruguay, sondern auch ein Meilenstein für den Fußball weltweit. Stell Dir die Begeisterung und den Stolz vor, die die Fans empfanden, als ihr Land als erstes in der Geschichte den Weltmeistertitel holte. Dieser Sieg zeigte der Welt, dass Fußball ein Sport ist, der Nationen vereint und unvergessliche Momente schafft.

Das erste Spiel unter Flutlicht

Das erste Fußballspiel, das unter Flutlicht ausgetragen wurde, fand 1878 in England statt. Es war eine große Attraktion, Fußball auch nach Einbruch der Dunkelheit spielen zu können.

Geschichte der Fußballschuhe

Die Geschichte der Fußballschuhe ist fast so alt wie der Fußball selbst. Ursprünglich waren Fußballschuhe ziemlich schwere Stiefel mit Metallnoppen – nicht gerade bequem! Aber mit der Zeit hat sich das total verändert. Heutzutage sind Fußballschuhe richtige Hightech-Produkte. Sie sind superleicht, bieten perfekten Halt und sind speziell dafür entwickelt, um Spielern zu helfen, schneller zu laufen und den Ball besser zu kontrollieren. Die Entwicklung der Fußballschuhe zeigt, wie sich der Fußball gewandelt hat – von einem einfachen Spiel zu einem Sport, bei dem jedes Detail zählt. Jede Generation von Fußballschuhen spiegelt die Innovationen und den technologischen Fortschritt im Sport wider.

Warum heißt es „Fußball"?

Der Name „Fußball" leitet sich ganz einfach von der Art und Weise ab, wie das Spiel gespielt wird – nämlich hauptsächlich mit den Füßen. Im Gegensatz zu vielen anderen Ballsportarten, bei denen die Hände im Spiel eine große Rolle spielen, ist beim Fußball der Fuß der Star. Dieser einfache, aber aussagekräftige Name zeigt den Kern des Spiels auf: Das Treten des Balls mit den Füßen. In einigen Ländern, wie den USA, wird der Sport als „Soccer" bezeichnet, um Verwechslungen mit American Football zu vermeiden, wo der Ball hauptsächlich in den Händen gehalten wird. Dieser Unterschied in der Namensgebung verdeutlicht, wie kulturelle Unterschiede die Wahrnehmung und Benennung von Sportarten beeinflussen können.

Der Ursprung der Fußball-Weltmeisterschaft

Die Idee einer Fußball-Weltmeisterschaft entstand in den 1920er Jahren. Jules Rimet, der damalige FIFA-Präsident, war der Haupttreiber hinter diesem Konzept.

Frauenfußball im Wandel

Frauenfußball hat eine beeindruckende Entwicklung hinter sich. Früher oft unterbewertet und weniger beachtet, hat er sich in den letzten Jahrzehnten zu einem integralen Bestandteil der Fußballwelt entwickelt. Der wirkliche Wendepunkt kam 1991 mit der ersten offiziellen Frauen-Weltmeisterschaft, über 60 Jahre nach der ersten Männer-WM. Dieser Meilenstein zeigte, dass Frauenfußball auf der großen Bühne genauso spannend und leidenschaftlich ist wie der der Männer. Heutzutage werden Frauenfußballspiele weltweit ausgetragen und begeistern Millionen von Fans. Dieser Wandel unterstreicht die Bedeutung der Gleichstellung im Sport und zeigt, wie weit der Frauenfußball gekommen ist.

Die erste Live-Übertragung

Die erste Live-Übertragung eines Fußballspiels war ein echter Meilenstein in der Geschichte des Sports. Es passierte im Jahr 1937, und das Spiel war ein Freundschaftsspiel zwischen Arsenal und Arsenal Reserves. Stell Dir das mal vor: Zum ersten Mal konnten Fans das Spiel nicht nur im Stadion, sondern auch von zu Hause aus am Bildschirm verfolgen. Diese bahnbrechende Übertragung öffnete die Tür für die Zukunft des Fußballs im Fernsehen. Heute sind Live-Übertragungen aus der ganzen Welt nicht mehr wegzudenken und bringen das Spiel in die Wohnzimmer von Millionen von Fans. Damit wurde Fußball nicht nur zu einem Live-Erlebnis im Stadion, sondern auch zu einem globalen TV-Ereignis.

Das längste Fußballspiel der Geschichte

Das längste Fußballspiel der Geschichte ist ein beeindruckendes Beispiel
dafür, wie weit die Leidenschaft für den Sport gehen kann. Es fand 2009
in England statt und dauerte unglaubliche 36 Stunden. An diesem rekord-
verdächtigen Ereignis nahmen zwei Teams teil, die unermüdlich spielten,
Tag und Nacht, um Geld für wohltätige Zwecke zu sammeln. Dieses Spiel
sprengte alle Grenzen der Ausdauer und des Durchhaltevermögens und
zeigte, wie Fußball Menschen für einen guten Zweck zusammenbringen kann.
Das Ereignis ging nicht nur als das längste Fußballspiel in die Geschichte ein,
sondern demonstrierte auch die Gemeinschaft und den Teamgeist, die im
Fußball so wichtig sind.

Fußball während des Ersten Weltkriegs

Während des Ersten Weltkriegs spielte Fußball eine besondere Rolle für
die Soldaten an der Front. Es war eine willkommene Ablenkung von den
Schrecken des Krieges und bot eine Möglichkeit, für kurze Zeit die harten
Bedingungen zu vergessen. Es gab berühmte Momente, wie das Weihnachts-
frieden-Spiel 1914, bei dem deutsche und britische Soldaten das Kämpfen
einstellten und gemeinsam Fußball spielten. Diese Spiele waren mehr als nur
Zeitvertreib; sie waren ein Symbol der Menschlichkeit und des Respekts zwischen den feindlichen Truppen. Fußball zeigte sich als universelle Sprache,
die inmitten des Krieges Brücken bauen konnte. Diese einzigartigen Spiele
während des Ersten Weltkriegs unterstreichen die kraftvolle und verbin-
dende Rolle des Fußballs in schweren Zeiten.

Der erste asiatische Fußballstar

Soony Saad, ein Libanese, war einer der ersten
Fußballspieler aus Asien, der in der Major League
Soccer (MLS) in den USA spielte. Er begann seine
Profikarriere 2011.

Der erste afrikanische Fußballstar

Der erste große afrikanische Fußballstar, der international Anerkennung fand,
war der Ägypter Mahmoud El-Gohary. Sein Aufstieg in den 1950er und 1960er
Jahren war wegweisend für den afrikanischen Fußball. El-Gohary war nicht nur
ein herausragender Spieler, der Ägypten in internationalen Spielen vertrat,
sondern er machte auch als Trainer Karriere und führte die ägyptische Nationalmannschaft zu bedeutenden Erfolgen. Sein Erfolg auf dem Spielfeld und
später an der Seitenlinie brach Barrieren und zeigte der Welt, dass afrikanische
Spieler und Trainer auf höchstem Niveau mithalten können. El-Goharys Karriere hat vielen afrikanischen Fußballern den Weg geebnet und den Kontinent
auf der internationalen Fußballbühne sichtbar gemacht.

Die Erfindung des Fußballnetzes

Die Erfindung des Fußballnetzes, ein eher unscheinbares, aber entscheidendes
Element im Fußball, brachte eine bedeutende Veränderung im Spiel. Vor der
Einführung des Netzes war es manchmal schwierig zu erkennen, ob der Ball
wirklich die Torlinie überschritten hatte. Dies führte zu Kontroversen und
Verwirrungen sowohl bei Spielern als auch bei Fans. Das Netz wurde erstmals
1891 bei einem Spiel in England eingesetzt und löste dieses Problem, indem es
klar anzeigte, wenn ein Tor erzielt wurde. Seitdem ist das Fußballnetz ein fester
Bestandteil jedes Fußballspiels und trägt dazu bei, das Spiel fairer und über-
sichtlicher zu gestalten. Seine Einführung war ein wichtiger Schritt in der Entwicklung des modernen Fußballs und hat die Art und Weise, wie Tore gefeiert
werden, für immer verändert.

Der erste Fernsehfußballkommentator

Der erste Fernsehfußballkommentator spielte eine entscheidende Rolle bei
der Übertragung des Fußballs ins Wohnzimmer der Menschen. George Allison,
ein englischer Journalist und Fußballmanager, gilt als einer der ersten, der
diese Rolle übernahm. In den 1930er Jahren begann er, Fußballspiele für das
Fernsehen zu kommentieren. Seine Kommentare waren nicht nur informativ,
sondern brachten auch die Atmosphäre und Spannung des Spiels direkt zu
den Zuschauern nach Hause. Allisons Arbeit als Kommentator half dabei, eine

Brücke zwischen dem Spiel auf dem Platz und den Fans zu schlagen, die es im Fernsehen verfolgten. Er war wegweisend für die vielen Fußballkommentatoren, die nach ihm kamen, und trug dazu bei, die Art und Weise, wie wir Fußball erleben, nachhaltig zu verändern.

Fußball in der Antarktis

Fußball in der Antarktis zeigt, wie universell und grenzenlos die Liebe zum Spiel ist. Trotz der extremen Bedingungen und der isolierten Lage haben es Forscher und Wissenschaftler, die auf dem eisigen Kontinent stationiert sind, geschafft, ihre Begeisterung für Fußball am Leben zu erhalten. Sie haben Fußballspiele organisiert, die auf Schnee und Eis gespielt werden, oft bei Temperaturen weit unter dem Gefrierpunkt. Diese Spiele in der Antarktis sind mehr als nur sportliche Betätigung; sie sind ein Symbol für Teamgeist, Durchhaltevermögen und die Freude am Spiel, selbst unter den härtesten Bedingungen. Sie zeigen, dass Fußball wirklich überall auf der Welt gespielt werden kann und eine Quelle der Freude und des Zusammenhalts ist, selbst in den entlegensten Ecken der Erde.

Der schnellste Torerfolg

Das schnellste Tor in einem Profi-Fußballspiel wurde in nur 2,4 Sekunden erzielt. Dieses Rekordtor schoss Nawaf Al-Abed 2009 in Saudi-Arabien.

Die Entstehung der Europameisterschaft

Die Europameisterschaft, oft einfach als „EM" bezeichnet, ist heute eines der größten Fußballturniere der Welt, doch ihre Anfänge waren bescheiden. Sie wurde erstmals 1960 ausgetragen und entstand aus der Idee, ein kontinentales Turnier speziell für europäische Nationalmannschaften zu schaffen. Ursprünglich als „Europapokal der Nationen" bekannt, gab die EM den besten Teams Europas eine Bühne, um ihr Können und ihre Stärke zu zeigen. Die erste EM, ausgetragen in Frankreich, war ein großer Erfolg und legte den Grundstein für die zukünftige Entwicklung des Turniers. Heute ist die EM für Fußballfans in ganz Europa und darüber hinaus ein Highlight, das alle vier Jahre stattfindet und Nationen in einem spannenden Wettstreit um Ruhm und Ehre vereint.

Die Erfindung des Dribbelns

Dribbeln, eine Schlüsseltechnik im Fußball, wurde nicht sofort erfunden.
Im frühen Fußball wurde der Ball hauptsächlich mit der ganzen Mannschaft
nach vorne gepasst.

Das größte Fußballstadion der Welt

Das größte Fußballstadion der Welt ist das Rungrado-1.-Mai-Stadion in
Nordkorea, das 114.000 Zuschauer fasst. Es wurde 1989 eröffnet und ist eine
beeindruckende Sportstätte.

Der erste Fußballwettbewerb

Hast du schon mal vom FA Cup gehört? Das ist der älteste Fußballwettbewerb der Welt, und er begann im Jahr 1871 in England. Stell dir vor, das war
wie der Startschuss für richtige Fußballturniere. Vorher gab es zwar Fußballspiele, aber einen offiziellen Wettbewerb, bei dem Teams aus dem ganzen
Land gegeneinander antreten, gab es noch nicht. Der FA Cup brachte eine
ganz neue Aufregung ins Spiel, denn jetzt konnten Clubs zeigen, wer wirklich
der Beste im Land war. Seitdem ist der FA Cup ein riesiges Event im Fußball-
kalender und hat die Tür für viele andere Wettbewerbe auf der ganzen Welt
geöffnet.

Die Geschichte des Frauenfußballs in England

Frauenfußball war in England von 1921 bis 1971 offiziell verboten. Dies änderte
sich erst, als der Frauenfußball immer populärer wurde und der Druck auf
den englischen Fußballverband wuchs.

Die längste Fußballsaison

Die längste Fußballsaison in der Geschichte war ein ungewöhnliches Ergebnis
der globalen COVID-19-Pandemie. Normalerweise dauert eine Fußballsaison
etwa neun Monate, aber aufgrund der Pandemie im Jahr 2020 mussten
Spiele weltweit verschoben oder pausiert werden. Dies führte dazu, dass die
Saison 2019-2020 in vielen Ländern, darunter die großen europäischen Ligen,
wesentlich länger andauerte als geplant. In einigen Fällen erstreckte sich die

Saison bis weit in den Sommer oder sogar den Herbst 2020, was die Spieler, Trainer und Fans vor Herausforderungen stellte, die es so im modernen Fußball noch nie gegeben hatte. Diese einzigartige Situation unterstrich die globale Bedeutung des Fußballs und seine Anpassungsfähigkeit in herausfordernden Zeiten.

Die Einführung der Abseitsregel

Die Abseitsregel wurde 1863 eingeführt, um das Spiel fairer zu machen. Sie verhindert, dass Spieler zu nahe am gegnerischen Tor warten, um ein leichtes Tor zu erzielen.

Die Einführung der Rückennummern

Die Einführung der Rückennummern im Fußball war ein wichtiger Schritt, um Ordnung und Identifizierbarkeit auf dem Spielfeld zu schaffen. Zuvor hatten die Spieler keine Nummern, was es sowohl für die Zuschauer als auch für die Kommentatoren schwierig machte, sie auseinanderzuhalten. Die Nummern wurden erstmals in den 1930er Jahren systematisch eingesetzt, wobei jeder Spieler eines Teams eine einzigartige Nummer auf dem Rücken seines Trikots erhielt. Diese Innovation erleichterte es nicht nur, Spieler während des Spiels zu identifizieren, sondern führte auch zu einer tieferen Verbindung zwischen Fans und ihren Lieblingsspielern. Heute sind Rückennummern ein integraler Bestandteil des Fußballs, mit bestimmten Nummern, die oft mit bestimmten Positionen oder legendären Spielern in Verbindung gebracht werden.

Fußball während der Sommer- und Winterolympiaden

Fußball war ein Teil der Sommerolympiaden seit 1900, aber es gab auch ein Fußballturnier bei den Olympischen Winterspielen 1936 in Garmisch-Partenkirchen, Deutschland.

Der erste indische Fußballstar

Der erste indische Fußballstar, der internationale Bekanntheit erlangte, war Sailen Manna, eine Legende des indischen Fußballs. Er war Kapitän der indischen Nationalmannschaft in den 1940er und 1950er Jahren und führte sein

Team zu einigen bemerkenswerten Erfolgen. Manna war bekannt für seine herausragenden Verteidigungsfähigkeiten und seine Führungsqualitäten auf dem Spielfeld. Sein größter Moment war, als er Indien 1948 bei den Olympischen Spielen in London anführte, was Indiens erstes großes internationales Turnier war. Manna war nicht nur ein herausragender Spieler, sondern auch ein Vorbild für viele junge Fußballer in Indien. Er ebnete den Weg für die Popularität des Fußballs in Indien und zeigte, dass indische Spieler auf der internationalen Bühne mithalten können. Sein Vermächtnis lebt in den Herzen vieler Fußballfans in Indien und weltweit weiter.

Die Gründung der spanischen La Liga

Die spanische La Liga wurde 1929 gegründet. Der erste Meister war der Fußballclub FC Barcelona.

Einführung des Elfmeterschießens

Die Einführung des Elfmeterschießens in den 1970er Jahren revolutionierte die Art und Weise, wie Fußballspiele mit unentschiedenem Ausgang entschieden wurden. Vorher führten Unentschieden oft zu Wiederholungsspielen, was sowohl logistisch als auch zeitlich eine Herausforderung darstellte. Mit dem Elfmeterschießen wurde eine spannende und dramatische Methode eingeführt, um einen Sieger zu ermitteln. Jedes Team wählt fünf Schützen aus, die abwechselnd versuchen, Tore aus elf Metern Entfernung zu schießen, während der Torwart sein Bestes gibt, um sie zu halten. Dieses Verfahren hat sich nicht nur als effektive Lösung erwiesen, sondern bietet auch einen der aufregendsten und nervenaufreibendsten Momente im Fußball, bei dem Spieler unter immensem Druck stehen und Helden oder Buhmänner werden können.

Das erste live im Radio übertragene Fußballspiel

Das erste Fußballspiel, das live im Radio übertragen wurde, war ein Spiel zwischen Arsenal und Sheffield United im Jahr 1927. Damals war das eine Sensation, da die Fans das Spiel verfolgen konnten, ohne im Stadion zu sein.

Die Entstehung der Champions League

Die UEFA Champions League, früher als Europapokal der Landesmeister bekannt, wurde 1955 gegründet. Real Madrid gewann den ersten Titel und ist auch der Rekordsieger des Wettbewerbs.

Der Ursprung des Wortes „Soccer"

Das Wort „Soccer", vor allem in den USA und Kanada als Bezeichnung für Fußball verwendet, hat seine Wurzeln in England des 19. Jahrhunderts. Es entstand als eine Kurzform von „Association Football", um es von anderen Formen des Fußballs, wie dem Rugby Football, zu unterscheiden. Der Name „Soccer" leitet sich von der Endsilbe in „Association" ab und wurde mit dem angehängten „-er" zu einem gängigen Slang-Begriff in den britischen Universitäten jener Zeit. Obwohl das Wort in seinem Herkunftsland, England, mittlerweile weniger gebräuchlich ist, hat es sich in Ländern, in denen andere Formen des Footballs dominieren, wie den USA und Kanada, als die übliche Bezeichnung für den Sport etabliert. „Soccer" ist somit ein interessantes Beispiel dafür, wie sich Sprache und Bezeichnungen für Sportarten in verschiedenen Kulturen entwickeln können.

Der erste Fußball auf dem Mond

Kennst du den ersten Fußball auf dem Mond? 1971 schoss Alan Shepard, ein Astronaut der Apollo 14 Mission, mit einem Golfschläger zwei Golfbälle auf dem Mond. Er hatte auch einen Fußball dabei, aber der blieb im Raumschiff!

Die erste Fußball-Weltmeisterschaft für Frauen

Die erste FIFA-Fußball-Weltmeisterschaft der Frauen fand 1991 in China statt. Die USA gewannen das Turnier, das ein wichtiger Schritt für die Anerkennung des Frauenfußballs war.

Das erste internationale Fußballspiel

Das erste internationale Fußballspiel fand am 30. November 1872 statt und war ein bedeutendes Ereignis in der Geschichte des Fußballs. Dieses historische Spiel wurde zwischen Schottland und England ausgetragen und fand im Hamilton Crescent, einem Cricketfeld in Glasgow, statt. Es war ein bahnbrechender Moment, denn es war das erste Mal, dass zwei nationale Teams gegeneinander antraten. Obwohl das Spiel mit einem unspektakulären 0:0-Unentschieden endete, legte es den Grundstein für internationale Fußballwettbewerbe. Dieses Spiel markierte den Beginn einer langen Tradition von Länderspielen und war ein wichtiger Schritt in der Entwicklung des Fußballs zu einem globalen Sport, der Länder und Kulturen verbindet.

Der erste Fußballverein außerhalb Englands

Der erste Fußballverein außerhalb Englands war der Oneida Football Club, gegründet 1862 in Boston, USA. Sie gelten als die ersten organisierten Fußballspieler in Amerika.

Die Gründung der Bundesliga

Die Bundesliga, wie wir sie heute kennen, wurde 1963 in Deutschland gegründet und markierte einen entscheidenden Wendepunkt in der deutschen Fußballgeschichte. Vor der Einführung der Bundesliga gab es zahlreiche regionale Ligen, aber es fehlte eine landesweite, professionelle Liga. Mit der Gründung der Bundesliga entstand ein zentralisierter und einheitlicher Wettbewerb, der die besten Teams aus ganz Deutschland in einem spannenden Ligasystem zusammenbrachte. Dies ermöglichte nicht nur ein höheres Niveau an Wettbewerb und Professionalität, sondern machte auch den Weg frei für die Entwicklung von Fußball als einem der beliebtesten Zuschauersportarten in Deutschland. Die Bundesliga hat seitdem Generationen von Fußballfans begeistert und ist zu einem Synonym für hochklassigen Fußball geworden.

Das erste Spiel mit Ersatzspielern

Im Jahr 1965 erlaubte die Football League in England erstmals, dass Ersatzspieler
in einem Ligaspiel eingesetzt werden konnten. Vorher mussten die Teams mit
weniger Spielern weiterspielen, wenn jemand verletzt war.

Die Geburt der FIFA

Die FIFA, die Fédération Internationale de Football Association, wurde 1904
ins Leben gerufen, und das war ein echter Gamechanger für den Fußball. Sie
wurde gegründet, um den weltweiten Fußball zu organisieren und einheit-
liche Regeln zu schaffen. Heute kennen wir die FIFA als die Organisation, die
die Fußball-Weltmeisterschaft veranstaltet, aber ihre Rolle ist viel größer. Sie
überwacht den Fußball auf der ganzen Welt, von den Spielregeln bis hin zu
internationalen Turnieren. Die Gründung der FIFA war ein wichtiger Schritt,
um Fußball zu dem globalen Phänomen zu machen, das er heute ist. Sie bringt
Länder und Kulturen zusammen und macht das Spiel zu einem weltweiten
Erlebnis.

Die Erfindung des Penalty-Schießens

Der Strafstoß (Penalty) wurde 1891 eingeführt, um Regelverstöße im Strafraum
zu ahnden. Das erste dokumentierte Elfmeterschießen fand jedoch erst 1970
statt.

Der erste Ballon d'Or

Der erste Ballon d'Or, eine der begehrtesten individuellen Auszeichnungen im
Fußball, wurde 1956 verliehen. Der stolze erste Empfänger dieser Ehre war der
englische Flügelspieler Stanley Matthews. Er war damals bei Blackpool FC und
bekannt für seine unglaubliche Technik und Geschwindigkeit am Ball. Die Ein-
führung des Ballon d'Or war ein wichtiger Schritt, um die Leistungen einzelner
Spieler zu würdigen und ihnen eine internationale Anerkennung zu verleihen.
Seitdem ist der Ballon d'Or ein Symbol für außergewöhnliche Fähigkeiten und
Erfolge im Fußball und ein Traum für jeden Spieler, den nur die Besten der
Besten in Empfang nehmen dürfen. Matthews' Gewinn setzte damit einen
Standard für Exzellenz, der bis heute im Fußball hochgehalten wird.

Die längste ungeschlagene Serie im Profifußball

Der brasilianische Club Flamengo hielt die längste ungeschlagene Serie im Profifußball mit 52 Spielen ohne Niederlage von 1978 bis 1979. Das ist eine beeindruckende Leistung!

Einführung der roten und gelben Karten

Die roten und gelben Karten, wie wir sie heute kennen, wurden erstmals 1970 bei der Fußball-Weltmeisterschaft in Mexiko eingeführt. Vorher gab es keine klare und sichtbare Methode, um Spielern Verwarnungen oder Platzverweise zu signalisieren. Die gelbe Karte steht für eine Verwarnung, während die rote Karte einen Spieler vom Platz verweist. Diese farbigen Karten haben das Spiel deutlich fairer und die Entscheidungen des Schiedsrichters klarer und verständlicher für Spieler, Trainer und Fans gemacht. Seit ihrer Einführung sind die Karten ein fester und unverzichtbarer Bestandteil des Spiels geworden und tragen zur Aufrechterhaltung der Regeln und Fairness bei.

Der erste Profi-Fußballspieler

Der erste professionelle Fußballspieler war ein großer Schritt in der Geschichte des Fußballs. Dieser Ehrentitel wird oft William „Fatty" Foulke zugeschrieben, einem englischen Torwart, der Ende des 19. Jahrhunderts spielte. Er war bekannt für seine beeindruckende Größe und sein Talent im Tor. Die Professionalisierung im Fußball begann in dieser Zeit, als Spieler anfingen, für ihr Können auf dem Platz bezahlt zu werden. Vorher war Fußball meist ein Amateur-Sport, bei dem die Spieler nebenbei noch normale Jobs hatten. Mit dem ersten Profi-Fußballspieler begann eine neue Ära, in der Fußball zu einem Beruf wurde und die Grundlage für den heutigen Profi-Fußball legte.

Die erste Fußball-Weltmeisterschaft in Afrika

Die erste Fußball-Weltmeisterschaft, die in Afrika ausgetragen wurde, fand 2010 in Südafrika statt. Dieses Turnier brachte die Weltmeisterschaft zum ersten Mal auf den afrikanischen Kontinent.

Erste Fußballregeln

Stell Dir vor, Fußball ohne Regeln – das wäre total chaotisch! Genau so war es auch, bis 1863 ein paar schlaue Köpfe in England zusammenkamen und die ersten offiziellen Fußballregeln aufstellten. Diese Jungs, die zur Football Association gehörten, hatten die geniale Idee, das Spiel zu ordnen und klare Regeln festzulegen. Vorher spielte jeder so, wie er wollte, und es gab ziemlich viel Durcheinander auf dem Platz. Dank dieser ersten Regeln wurde Fußball zu dem organisierten und spannenden Spiel, das wir heute kennen und lieben.

Die Geburt des Hallenfußballs

Hallenfußball, auch bekannt als Futsal, entstand in den 1930er Jahren in Uruguay. Es wurde erfunden, um auch während der Regenzeit Fußball spielen zu können.

QUIZ zur Fußball-Vergangenheit:
Teste Dein Wissen über die Anfänge!

Hey Fußballfan! Du hast schon viel über die faszinierende Geschichte des Fußballs gelernt – von den allerersten Tritten bis zu den legendären Momenten, die das Spiel geprägt haben. Aber wie gut hast Du wirklich aufgepasst? Jetzt hast Du die Chance, Dein Wissen zu testen und herauszufinden, wie viel Du über die Anfänge des Fußballs weißt!

In diesem Quiz haben wir einige knifflige Fragen vorbereitet, die Dich zurück in die Zeit bringen, als Fußball noch in den Kinderschuhen steckte. Von den ersten Clubs und legendären Spielen bis hin zu den Pionieren auf dem Platz – hier kannst Du zeigen, ob Du ein echter Fußball-Historiker bist. Bist Du bereit, Deine Kenntnisse auf die Probe zu stellen? Dann leg los und viel Spaß beim Rätseln!

Wo wurde der älteste Fußballclub der Welt gegründet?

A Deutschland ☐

B Italien ☐

C England ☐

Welches Land gewann die erste Fußball-Weltmeisterschaft?

A Brasilien ☐

B Uruguay ☐

C England ☐

In welchem Jahr fand das erste
Fußballspiel unter Flutlicht statt?

A 1878

B 1891

C 1900

Wo wurde das erste internationale
Fußballspiel ausgetragen?

A England

B Schottland

C Frankreich

WAHR oder FALSCH

Das erste Kopfballtor in einer
Fußball-WM wurde 1930 erzielt.

A Wahr

B Falsch

Die erste Live-Übertragung eines
Fußballspiels fand in den 1950er
Jahren statt.

A Wahr

B Falsch

ASEC Mimosas aus der Elfenbeinküste war der erste afrikanische
Verein, der in der UEFA Champions League spielte.

A Wahr

B Falsch

Das längste Fußballspiel der
Geschichte dauerte 36 Stunden.

A Wahr

B Falsch

Der erste Fußballwettbewerb, der
FA Cup, begann im Jahr 1871.

A Wahr

B Falsch

Fragen beantworten

1. Wer war der erste professionelle Fußballspieler?

....

2. In welchem Jahr wurde die FIFA gegründet?

....

3. Wo fand die erste Fußball-Weltmeisterschaft für Frauen statt

....

4. Was ist der Ursprung des Wortes „Soccer"?

....

5. Was ist das Besondere an der Europameisterschaft 1960?

....

Epische Momente: Spiele, die die Welt bewegten

In diesem Kapitel tauchst Du ein in die Welt der epischen Fußballmomente, in Spiele, die mehr als nur Spiele waren – sie waren Ereignisse, die Millionen weltweit in Atem hielten. Wir nehmen Dich mit auf eine Reise durch einige der denkwürdigsten und aufregendsten Matches, die die Fußballgeschichte zu bieten hat. Von dramatischen Weltmeisterschaftsfinals, die in letzter Minute entschieden wurden, bis hin zu legendären Liga-Begegnungen, bei denen unterlegene Teams unglaubliche Comebacks feierten. Diese Spiele sind nicht nur wegen ihrer Spannung und Dramatik unvergessen, sondern auch wegen ihrer Bedeutung für die Fußballkultur. Sie haben Fans zum Jubeln, Weinen und manchmal sogar zum Durchdrehen gebracht.

Wir erzählen Dir die Geschichten hinter diesen Spielen – die Helden, die unerwarteten Wendungen und die unvergesslichen Tore. Erlebe noch einmal die Magie des „Wunders von Bern", spüre die Spannung des „Spiels des Jahrhunderts" zwischen Italien und Deutschland, und fühle die Aufregung des legendären Champions League-Finales in Istanbul. Diese Spiele sind mehr als nur Teil der Fußballgeschichte; sie sind Momente, die die Art und Weise, wie wir Fußball erleben und verstehen, für immer verändert haben. Mach Dich bereit, die Emotionen und den Nervenkitzel der Spiele zu erleben, die nicht nur die Welt des Fußballs, sondern auch die Herzen der Fans rund um den Globus bewegt haben.

Das Wunder von Bern

Das Wunder von Bern bezieht sich auf das legendäre Finale der Fußball-Weltmeisterschaft 1954, bei dem die deutsche Nationalmannschaft völlig unerwartet gegen das hoch favorisierte Team aus Ungarn gewann. Das Spiel fand in Bern, Schweiz, statt und ist in die Geschichte eingegangen, weil es Deutschlands ersten

Weltmeistertitel markierte. Ungarn war damals eine Fußball-Supermacht und galt als nahezu unschlagbar, aber Deutschland schaffte das Unmögliche und drehte einen 0:2-Rückstand um, um das Spiel 3:2 zu gewinnen. Dieser Sieg hatte eine enorme Bedeutung für das Nachkriegsdeutschland und gab dem Land ein neues Gefühl von Stolz und Hoffnung. Das Wunder von Bern wird noch heute als einer der größten Momente in der Geschichte des deutschen Fußballs gefeiert und steht symbolisch für den Glauben, dass im Fußball alles möglich ist.

Das längste Fußballspiel in einem großen Turnier

Das längste Spiel in einem großen Turnier war das WM-Halbfinale 1938 zwischen Brasilien und der Tschechoslowakei. Es dauerte 150 Minuten, weil es keine Verlängerung gab und nach einem Unentschieden wiederholt werden musste.

Maradonas „Hand Gottes"

Maradonas „Hand Gottes" bezieht sich auf eines der berühmtesten und kontroversesten Tore in der Geschichte des Fußballs. Es ereignete sich während des Viertelfinalspiels der Fußball-Weltmeisterschaft 1986 zwischen Argentinien und England. Diego Maradona, einer der größten Fußballspieler aller Zeiten, erzielte ein Tor mit der Hand, das vom Schiedsrichter jedoch als gültig gewertet wurde. Maradona selbst bezeichnete dieses Tor später als „Hand Gottes". Dieses Tor wurde weltweit diskutiert und ist bis heute Gegenstand von Debatten. Für viele symbolisiert es Maradonas List und Fähigkeit, die Grenzen des Spiels auszureizen, während es für andere ein Beispiel für Regelbruch und Unsportlichkeit darstellt. Unabhängig von der Kontroverse bleibt Maradonas „Hand Gottes" ein unvergesslicher Moment in der Fußballgeschichte.

Das erste Europapokalfinale

Das erste Finale des Europapokals der Landes-meister (heute Champions League) fand 1956 statt. Real Madrid besiegte Stade Reims mit 4:3.

Das Spiel des Jahrhunderts

Das „Spiel des Jahrhunderts" bezeichnet das legendäre Halbfinalspiel der Fußball-Weltmeisterschaft 1970 zwischen Italien und Deutschland. Es fand im Aztekenstadion in Mexiko-Stadt statt und ging als eines der dramatischsten und aufregendsten Spiele in die Fußballgeschichte ein. Das Spiel endete nach regulärer Spielzeit unentschieden und ging in die Verlängerung, in der fünf Tore fielen – ein unglaubliches Ereignis für solch ein hochrangiges Spiel. Italien gewann schließlich mit 4:3. Die Begegnung ist bekannt für ihre unglaubliche Intensität, die hohen physischen Anforderungen an die Spieler und die Achterbahn der Emotionen für die Fans. Dieses Spiel zeigte Fußball in seiner reinsten Form – mit Leidenschaft, Ausdauer und dem unbedingten Willen zum Sieg. Es bleibt ein unvergessliches Erlebnis für alle, die es gesehen haben, und ein Meilenstein in der Welt des Fußballs.

Das erste WM-Finale

Das erste WM-Finale fand 1930 statt. Uruguay besiegte Argentinien mit 4:2 und wurde der erste Fußball-Weltmeister.

Liverpool's unglaubliches Comeback

Im Finale der Champions League 2005 lag Liverpool gegen AC Mailand zur Halbzeit 0:3 zurück. Sie erzielten jedoch drei Tore in sechs Minuten und gewannen schließlich im Elfmeterschießen.

Das erste afrikanische Team im WM-Viertelfinale

Kamerun war 1990 das erste afrikanische Team, das das Viertelfinale einer Fußball-WM erreichte. Sie wurden als eines der überraschendsten Teams des Turniers gefeiert.

Barcelonas historisches Sextuple

Barcelonas historisches Sextuple, erreicht im Jahr 2009, steht als einer der größten Erfolge in der Geschichte des Vereinsfußballs. Unter der Leitung von Trainer Pep Guardiola gelang es dem FC Barcelona, in einem einzigen

Jahr sechs bedeutende Titel zu gewinnen: die UEFA Champions League, die spanische Liga (La LigA), den spanischen Pokal (Copa del Rey), den spanischen Supercup, den UEFA Supercup und die FIFA-Klub-Weltmeisterschaft. Dieses unglaubliche Kunststück demonstrierte nicht nur das außergewöhnliche Talent und die Spielstärke des Teams, sondern auch eine beeindruckende Konstanz und Dominanz im internationalen Fußball. Die Mannschaft, angeführt von Spielern wie Lionel Messi, Xavi und Iniesta, zeigte einen attraktiven und effektiven Stil, der Fußballfans weltweit begeisterte. Barcelonas Sextuple bleibt ein historischer Höhepunkt im Vereinsfußball und ein Maßstab für Fußballerfolg.

Das erste Golden Goal

Das erste Golden Goal in einem großen Turnier wurde von Frankreichs Laurent Blanc bei der Fußball-Europameisterschaft 1996 erzielt. Es entschied das Spiel gegen Paraguay im Achtelfinale.

Brasiliens fünfter WM-Titel

Brasilien gewann 2002 seinen fünften Weltmeistertitel, den meisten von jedem Land. Sie besiegten Deutschland im Finale mit 2:0, mit Toren von Ronaldo.

Das erste Elfmeterschießen in einer WM

Das erste Elfmeterschießen in der Geschichte der Fußball-Weltmeisterschaften fand 1982 statt. Es entschied das Halbfinale zwischen Westdeutschland und Frankreich.

Die höchste Niederlage in einem WM-Spiel

Die höchste Niederlage in einem WM-Spiel ist ein Rekord, der bis heute Bestand hat und an Unglaublichkeit kaum zu übertreffen ist. Dieses denkwürdige Ereignis fand während der Fußball-Weltmeisterschaft 1982 in Spanien statt, als Ungarn gegen El Salvador mit einem unglaublichen Ergebnis von 10:1 gewann. Diese Begegnung war geprägt von der überwältigenden Dominanz der ungarischen Mannschaft, die das Spiel von Anfang an kontrollierte. Für

El Salvador, das sich erst zum zweiten Mal für eine Weltmeisterschaft quali-
fiziert hatte, war dieses Spiel eine bittere Lektion. Das Ergebnis zeigt nicht
nur die Kluft zwischen den Teams in Bezug auf Erfahrung und Spielniveau
auf, sondern bleibt auch als ein Rekord in den Annalen der WM-Geschichte
verankert, der die unberechenbare und manchmal gnadenlose Natur des
internationalen Fußballs unterstreicht.

Zidanes Kopfstoß im WM-Finale

Im WM-Finale 2006 sorgte Zinedine Zidane mit einem Kopfstoß gegen
Marco Materazzi für Aufsehen. Frankreich verlor das Spiel gegen Italien im
Elfmeterschießen.

Das erste Finale der Frauen-WM

Das erste Finale der Frauen-Fußball-Weltmeisterschaft fand 1991 statt. Die
USA besiegten Norwegen mit 2:1 und gewannen den Titel.

Das schnellste Tor in einem WM-Finale

Das schnellste Tor in einem WM-Finale wurde bei der Fußball-Weltmeisterschaft 1974 erzielt und ist ein bemerkenswerter Moment in der WM-
Geschichte. Es war der Niederländer Johan Neeskens, der diesen Rekord auf-
stellte. Er schoss das Tor bereits in der zweiten Spielminute im Finale gegen
Deutschland. Dieses blitzschnelle Tor kam durch einen Elfmeter zustande,
was es umso bemerkenswerter macht. Neeskens' Tor setzte Deutschland
unter Druck und zeigte die Angriffsstärke und den schnellen Spielstil der
niederländischen Mannschaft. Obwohl die Niederlande das Spiel letztlich
verloren, bleibt das Tor von Neeskens ein ikonischer Moment und ein Beispiel für die Unvorhersehbarkeit und Aufregung, die ein WM-Finale mit sich
bringen kann.

Englands einziger WM-Titel

England gewann 1966 seinen einzigen Weltmeistertitel. Sie besiegten Westdeutschland im Finale mit 4:2 nach Verlängerung im berühmten Wembley-
Stadion.

Das erste internationale Turnier in Südamerika

Die erste Copa América, das älteste internationale Fußballturnier, wurde 1916 in Argentinien ausgetragen. Uruguay gewann den Titel.

Griechenlands Überraschungssieg bei der Euro 2004

Griechenland überraschte alle, indem es die Euro 2004 gewann. Sie besiegten Gastgeber Portugal im Finale mit 1:0, ein historischer Triumph für das Team.

Das legendäre „Geisterspiel"

Das legendäre „Geisterspiel" ist ein denkwürdiges Ereignis in der Fußballgeschichte und fand im Rahmen der Europameisterschaftsqualifikation 1993 statt. Es wurde zwischen Dänemark und Litauen ausgetragen, jedoch ohne Zuschauer – daher der Name „Geisterspiel". Diese ungewöhnliche Umstände kamen zustande, weil die UEFA Dänemark aufgrund von Zuschauerausschreitungen in einem vorherigen Spiel dazu verurteilt hatte, das nächste Heimspiel unter Ausschluss der Öffentlichkeit auszutragen. Das Spiel selbst fand im Kopenhagener Parken-Stadion statt, was die gespenstische Stimmung einer leeren Arena mit sich brachte. Trotz des Fehlens von Fans war das Spiel intensiv und Dänemark gewann mit 1:0. Dieses „Geisterspiel" bleibt in Erinnerung als ein Beispiel dafür, wie Fußball manchmal hinter verschlossenen Türen stattfinden muss, aber trotzdem seine Spannung und Bedeutung beibehält.

Das erste TV-übertragene WM-Finale

Das WM-Finale 1954 zwischen Ungarn und Deutschland war das erste, das weltweit im Fernsehen übertragen wurde. Dies markierte einen Wendepunkt in der globalen Popularität des Fußballs.

Der legendäre Pelé und seine WM-Geschichte

Pelé, oft als einer der größten Fußballspieler aller Zeiten angesehen, hat eine WM-Geschichte, die seinesgleichen sucht. Er trat zum ersten Mal bei der Fußball-Weltmeisterschaft 1958 auf und beeindruckte die Welt mit seiner außergewöhnlichen Technik und seinem Spielverständnis. Als damals erst

17-Jähriger wurde Pelé der jüngste Torschütze in einem WM-Finale und führte Brasilien zum ersten Weltmeistertitel. Seine WM-Karriere umfasste drei Weltmeisterschaften (1958, 1962 und 1970), in denen er insgesamt drei Mal den Titel mit Brasilien gewann – eine Leistung, die bisher kein anderer Spieler erreicht hat. Pelés Einfluss auf dem Spielfeld war immens; er war nicht nur ein brillanter Torschütze, sondern auch ein inspirierender Teamspieler. Seine Leistungen bei den Weltmeisterschaften, insbesondere seine drei Titelgewinne, haben ihn zur Fußballlegende gemacht und seinen Ruf als einer der besten Spieler der Geschichte gefestigt.

Nordkoreas WM-Überraschung 1966

Bei der WM 1966 sorgte Nordkorea für eine Sensation, indem es Italien besiegte und das Viertelfinale erreichte. Dies gilt als einer der größten Überraschungserfolge in der WM-Geschichte.

Das erste Tor bei einer Fußball-WM

Das erste Tor in der Geschichte der Fußball-Weltmeisterschaften wurde 1930 von Lucien Laurent aus Frankreich erzielt. Dieser Moment markierte den Beginn einer langen Tradition.

Das erste Spiel mit einem „Hattrick" in einer WM

Das erste Spiel mit einem „Hattrick" in einer Fußball-Weltmeisterschaft ist ein historischer Moment in der Geschichte des Turniers. Dieser Meilenstein wurde beim ersten WM-Turnier überhaupt, der Weltmeisterschaft 1930 in Uruguay, erreicht. Der Amerikaner Bert Patenaude erzielte in einem Spiel gegen Paraguay alle drei Tore für sein Team, was ihm den ersten Hattrick in der Geschichte der Weltmeisterschaften einbrachte. Dieses Ereignis ist besonders bemerkenswert, da es in der Anfangszeit des Weltfußballs stattfand, und unterstreicht die Bedeutung und das Können einzelner Spieler in einem Team. Patenaudes Hattrick blieb lange Zeit unbestätigt, wurde aber schließlich offiziell anerkannt und ist nun ein fester Bestandteil der Fußballgeschichte. Es war ein symbolischer Moment, der zeigte, dass einzelne Spieler durch außergewöhnliche Leistungen Spiele und sogar Turniere prägen können.

Diego Maradonas Leistung in der WM 1986

Die WM 1986 ist vor allem für die außergewöhnliche Leistung von Diego Maradona bekannt. Er führte Argentinien mit seiner Brillanz zum Weltmeistertitel.

Das längste Elfmeterschießen bei einer WM

Das längste Elfmeterschießen in der WM-Geschichte fand 2006 im Achtelfinale zwischen der Schweiz und der Ukraine statt. Es endete nach 26 Elfmetern, wobei die Ukraine gewann.

Die „Battle of Santiago"

Das Spiel zwischen Chile und Italien bei der WM 1962 ist als „Battle of Santiago" bekannt. Es war eines der brutalsten Spiele der WM-Geschichte, geprägt von extremer Gewalt auf dem Platz.

Ronaldos WM-Rekord

Ronaldo Luís Nazário de Lima, bekannt als Ronaldo, setzte bei den Fußball-Weltmeisterschaften einen beeindruckenden Rekord, der seine Stellung als einer der größten Stürmer der Fußballgeschichte festigte. Bei der WM 2006 in Deutschland erreichte er einen Meilenstein, indem er zum alleinigen Rekordtorschützen der WM-Geschichte aufstieg. Ronaldo erzielte insgesamt 15 Tore in den Weltmeisterschaften, an denen er teilnahm (1998, 2002 und 2006), und übertraf damit den bisherigen Rekordhalter Gerd Müller. Besonders bemerkenswert war seine Leistung bei der Weltmeisterschaft 2002, wo er Brasilien mit acht Toren zum Titelgewinn führte. Ronaldos Fähigkeit, in den entscheidenden Momenten Tore zu erzielen, machte ihn zu einer Schlüsselfigur auf der größten Bühne des Weltfußballs und zu einem Idol für Fußballfans auf der ganzen Welt. Sein WM-Rekord ist ein Zeugnis seines Talents und seiner Bedeutung im internationalen Fußball.

Die „Magische Nacht von Turin"

Das Halbfinalspiel der WM 1990 zwischen Deutschland und England ist als die „Magische Nacht von Turin" bekannt. Deutschland gewann im Elfmeterschießen, nachdem das Spiel 1:1 unentschieden endete.

Das erste Tor in der Champions League

Das erste Tor in der UEFA Champions League, wie wir sie heute kennen, wurde 1992 von Daniel Amokachi von Club Brugge erzielt. Die Champions League ersetzte damals den Europapokal der Landesmeister.

Das „Mirakel von Istanbul"

Im Champions League-Finale 2005 erlebte die Welt das „Mirakel von Istanbul", als Liverpool ein 0:3 gegen AC Mailand aufholte und schließlich im Elfmeterschießen gewann.

Das schnellste Tor in der Champions League

Roy Makaay von Bayern München erzielte 2007 das schnellste Tor in der Geschichte der Champions League. Er traf nach nur 10,12 Sekunden gegen Real Madrid.

Das erste afrikanische Team im Finale einer FIFA-Klub-WM

Der kongolesische Verein TP Mazembe erreichte 2010 als erstes afrikanisches Team das Finale der FIFA-Klub-Weltmeisterschaft. Ein historischer Moment für den afrikanischen Vereinsfußball.

Cristiano Ronaldos Rekord in der Champions League

Cristiano Ronaldo, einer der herausragendsten Fußballspieler unserer Zeit, hat in der UEFA Champions League beeindruckende Rekorde aufgestellt. Besonders bemerkenswert ist seine Leistung als Torschütze, wo er die meisten Tore in der Geschichte des Wettbewerbs erzielt hat. Seine Tore, oft gekennzeichnet durch spektakuläre Abschlüsse und entscheidende Treffer in kritischen Momenten, haben ihn zu einer Ikone der Champions League gemacht. Ronaldo hat mit seinen Toren und Leistungen in mehreren Clubs, darunter Manchester United, Real Madrid und Juventus Turin, immer wieder Maßstäbe gesetzt. Seine Fähigkeit, konstant auf höchstem Niveau zu performen und in wichtigen Spielen entscheidend zu sein, unterstreicht seine außergewöhnliche Karriere. Ronaldos Rekord in der Champions League ist nicht nur ein Beweis für seine individuelle Brillanz, sondern auch für seine Fähigkeit, Teams zum Erfolg zu führen und Geschichte zu schreiben.

Der erste Triple-Gewinner im deutschen Fußball

2013 schrieb der FC Bayern München deutsche Fußballgeschichte, indem er als erster deutscher Verein das Triple gewann. Sie sicherten sich die Meisterschaft, den nationalen Pokal und die Champions League in einer einzigen Saison. Dieser Erfolg unterstrich nicht nur ihre Dominanz im deutschen Fußball, sondern zeigte auch ihre Stärke auf europäischer Ebene.

Spaniens Dominanz bei der Euro

Spanien prägte eine Ära, indem es 2008 und 2012 hintereinander die Europameisterschaft gewann. Mit diesem beispiellosen Erfolg zeigten sie eindrucksvoll ihre Überlegenheit und prägten einen Fußballstil, der weltweit bewundert wurde. Sie waren das erste Team, das diesen historischen Doppelsieg bei der Euro erreichte.

Das längste Elfmeterschießen in der Champions League

Das längste Elfmeterschießen in der Geschichte der Champions League ereignete sich 2005 zwischen dem AC Mailand und dem FC Liverpool. Insgesamt wurden 14 Elfmeter geschossen, bevor Liverpool als Sieger hervorging. Dieses Spiel bleibt in Erinnerung als eines der spannendsten und dramatischsten Finals der Champions League.

Der erste Nicht-Europäer, der die Champions League gewann

1987 schrieb Juary, ein brasilianischer Spieler, Fußballgeschichte, als er mit dem FC Porto die Champions League (damals Europapokal der Landesmeister) gewann. Er war der erste Nicht-Europäer, der diesen prestigeträchtigen Titel errang und zeigte damit das globale Talent im Fußball.

Das erste Golden Goal in der Euro

1996 erzielte Oliver Bierhoff für Deutschland das erste Golden Goal in der Geschichte der UEFA Europameisterschaft. Es geschah im Finale gegen die Tschechische Republik und brachte Deutschland den Titel. Dieses Tor war nicht nur

spielentscheidend, sondern auch historisch, da es das erste Mal war, dass ein Golden Goal in einem großen Turnier das Endergebnis bestimmte.

Der höchste Sieg in einem internationalen Spiel

Australien stellte 2001 einen bemerkenswerten Rekord auf, als sie Amerikanisch-Samoa in einem internationalen Spiel mit 31:0 besiegten. Dieser Sieg ist der höchste in der Geschichte des internationalen Fußballs und zeigt die manchmal enormen Leistungsunterschiede zwischen Fußballnationen.

Der erste afrikanische Klub im UEFA-Cup Finale

1967 erreichte Al-Ahly aus Ägypten als erster afrikanischer Klub das Finale eines europäischen Vereinswettbewerbs. Ihre Teilnahme am UEFA-Cup, dem heutigen Europa League Finale, war ein historischer Moment für den afrikanischen Klubfußball und zeigte, dass Teams von diesem Kontinent mit den Besten in Europa mithalten können.

Das erste UEFA-Cup Finale

1972 fand das erste Finale des UEFA-Cups, heute bekannt als Europa League, statt. In diesem historischen Spiel setzte sich Tottenham Hotspur aus England gegen den VfL Wolfsburg aus Deutschland durch und sicherte sich den Titel. Dies markierte den Beginn eines der prestigeträchtigsten europäischen Klubwettbewerbe.

Das erste farbige Fernsehbild einer WM

Die Fußball-Weltmeisterschaft 1970 in Mexiko war das erste Turnier, das weltweit in Farbe im Fernsehen übertragen wurde. Diese technologische Neuerung brachte den Zuschauern ein ganz neues Erlebnis und revolutionierte die Art und Weise, wie Fußball verfolgt wurde.

Die Erstausstrahlung der Frauen-Fußball-WM

Die Frauen-Fußball-Weltmeisterschaft 1999 in den USA war das erste Turnier dieser Art, das im Fernsehen übertragen wurde. Diese Übertragung trug wesentlich zur Popularität des Frauenfußballs bei und war ein wichtiger Schritt für die

Gleichberechtigung im Sport. Sie zeigte, dass Frauenfußball genauso spannend und mitreißend sein kann wie der der Männer und führte zu einem gesteigerten Interesse und einer größeren Anerkennung des Frauenfußballs weltweit.

Der älteste Torschütze in einer WM

Roger Milla, der kamerunische Stürmer, hat sich 1994 in die WM-Geschichte eingeschrieben, indem er im Alter von 42 Jahren ein Tor erzielte. Damit wurde er zum ältesten Torschützen in der Geschichte der Fußball-Weltmeisterschaften. Seine Leistung zeigte, dass Alter nur eine Zahl ist und dass Talent und Leidenschaft für den Sport keine Altersgrenze kennen.

Der erste Asiate im UEFA-Cup Finale

Pak Doo-Ik, ein Spieler aus Nordkorea, machte 1976 Geschichte, als er mit dem FC Brügge im UEFA-Cup Finale spielte. Als erster Asiate in einem Finale eines europäischen Klubwettbewerbs zeigte er, dass Fußballtalent überall auf der Welt zu finden ist und dass der asiatische Fußball auf internationaler Ebene wettbewerbsfähig ist.

Das erste WM-Spiel mit Videobeweis

Die Fußball-Weltmeisterschaft 2018 in Russland war das erste Turnier, bei dem der Videoassistent (VAR) eingesetzt wurde. Diese Technologie ermöglichte es den Schiedsrichtern, Entscheidungen durch Videoüberprüfung zu überprüfen und zu korrigieren. Der VAR war ein bedeutender Schritt in Richtung Fairness und Genauigkeit im Fußball.

Das erste EM-Spiel mit 16 Teams

Die Erweiterung der Fußball-Europameisterschaft auf 16 Teams im Jahr 1996 in England war ein wichtiger Schritt für die Entwicklung des Turniers. Dadurch wurde die EM inklusiver und vielfältiger, indem mehr Nationen die Chance bekamen, teilzunehmen und sich auf europäischer Ebene zu beweisen.

Der erste Klub-Weltmeister

Der Titel des ersten FIFA-Klub-Weltmeisters wurde im Jahr 2000 vom brasilianischen Verein Corinthians errungen, ein bedeutendes Ereignis in der Geschichte des Klubfußballs. Dieses Turnier, ausgetragen in Brasilien, war das erste seiner Art, organisiert von der FIFA, um den weltbesten Fußballverein zu ermitteln. Die Teilnahme von Top-Teams aus verschiedenen Kontinenten machte das Turnier zu einem globalen Ereignis. Corinthians' Sieg in diesem prestigeträchtigen Wettbewerb war nicht nur ein Triumph für den Verein selbst, sondern auch ein stolzer Moment für den südamerikanischen Fußball. Es zeigte die Stärke und das Können von Klubs außerhalb Europas und legte den Grundstein für den Wettbewerb, der sich zu einem jährlichen Höhepunkt im internationalen Klubfußball entwickeln sollte.

QUIZ

Das große Fußball-Moment-Quiz:

Bist Du ein wahrer Kenner?

Bist Du bereit, Dein Fußballwissen auf die Probe zu stellen? In diesem Quiz dreht sich alles um die epischen Momente und unvergesslichen Spiele, die die Welt bewegten. Erinnerst Du Dich an das Wunder von Bern oder weißt Du, wer das erste Golden Goal in einem großen Turnier erzielte? Teste Dein Wissen mit diesen spannenden Fragen und tauche noch einmal in die aufregende Welt der legendärsten Fußballmomente ein. Bist Du bereit für die Herausforderung? Los geht's!

Wer erzielte das „Hand Gottes"-Tor bei der WM 1986?

A Lionel Messi ☐

B Diego Maradona ☐

C Gabriel Batistuta ☐

Gegen welches Team gewann Deutschland das „Wunder von Bern" im WM-Finale 1954?

A Brasilien ☐

B Ungarn ☐

C Italien ☐

Welches Team erreichte als erstes afrikanisches Land das Viertelfinale einer Fußball-WM?

A Nigeria ☐

B Kamerun ☐

C Senegal ☐

In welchem Jahr erzielte Laurent Blanc das erste Golden Goal bei der Fußball-Europameisterschaft?

A 1992 ☐

B 1996 ☐

C 2000 ☐

**Welcher Spieler erzielte das schnellste
Tor in einem WM-Finale?**

A Pelé

B Johan Neeskens

C Ronaldo

WAHR oder FALSCH

Liverpool lag im Finale der Champions League 2005 gegen AC Mailand zur Halbzeit 0:3 zurück und gewann das Spiel.

A Wahr

B Falsch

Das erste Elfmeterschießen in der Geschichte der Fußball-Weltmeisterschaften fand 1982 statt.

A Wahr

B Falsch

Maradonas „Hand Gottes"-Tor wurde im WM-Finale 1986 erzielt.

A Wahr

B Falsch

Die höchste Niederlage in einem WM-Spiel war ein 10:1-Sieg von Deutschland gegen El Salvador.

A Wahr

B Falsch

Brasilien gewann 2002 seinen fünften Weltmeistertitel.

A Wahr

B Falsch

Fragen beantworten

1. Welches Team gewann das erste WM-Finale im Jahr 1930?

2. Welches Land war Gastgeber der ersten Copa América im Jahr 1916?

3. Wer war der erste Nicht-Europäer, der die Champions League gewann?

4. In welchem Jahr fand das erste UEFA-Cup Finale statt?

5. Welcher Spieler war der älteste Torschütze in einer Fußball-Weltmeisterschaft?

Fußballhelden: Legenden des Rasens

In diesem fesselnden Kapitel „Fußballhelden: Legenden des Rasens" betreten
wir das Pantheon der größten Fußballspieler, die jemals das grüne Feld
beherrscht haben. Hier werden die Geschichten und Triumphe der wahren
Meister des Spiels lebendig. Wir blicken zurück auf die glanzvollen Karrieren
von Legenden wie Pelé, dessen außergewöhnliches Talent und unglaubliche
Trefferquote ihn zum „König des Fußballs" machten, und Diego Maradona,
dessen Hand Gottes und unglaubliches Solo-Tor gegen England 1986
unsterblich in der Fußballgeschichte verankert sind. Aber es geht nicht nur
um die Vergangenheit: Moderne Ikonen wie Cristiano Ronaldo und Lionel
Messi, die mit ihren atemberaubenden Fähigkeiten und rekordbrechenden
Leistungen das Spiel in der Gegenwart prägen, werden ebenso gewürdigt.

In diesem Kapitel erfährst Du, was diese Spieler zu wahren Ikonen macht –
ihre technischen Fähigkeiten, ihre mentalen Stärken, ihre entscheidenden
Tore in großen Spielen und ihre Fähigkeit, Teams zu inspirieren und Fans auf
der ganzen Welt zu begeistern. Jeder dieser Spieler hat auf seine Weise die
Grenzen dessen, was auf dem Spielfeld möglich ist, neu definiert und damit
einen unvergesslichen Beitrag zur reichen Geschichte des Fußballs geleistet.
Bereite Dich darauf vor, in die faszinierende Welt der Fußballhelden einzutauchen und die Geschichten, Höhepunkte und unvergesslichen Momente
der Spieler kennenzulernen, die nicht nur das Spiel, sondern auch die Herzen
von Millionen Fans weltweit erobert haben.

Pelés Weltrekord

Pelé, der brasilianische Fußball-Superstar, ist eine lebende Legende und hält
einen beeindruckenden Guinness-Weltrekord: Er erzielte in seiner Karriere
1283 Tore in 1363 Spielen. Diese außergewöhnliche Leistung unterstreicht
Pelés unbestreitbares Talent und seine Fähigkeit, konstant auf höchstem
Niveau zu spielen. Seine Tore, erzielt in einer Vielzahl von Wettbewerben auf
der ganzen Welt, machen ihn zu einer der größten Ikonen des Fußballs.

Lionel Messis Ballon d'Or Rekorde

Lionel Messi, der argentinische Maestro, hat mit sechs Ballon d'Or-Auszeichnungen einen unvergleichlichen Rekord aufgestellt. Kein anderer Spieler hat diese prestigeträchtige Auszeichnung so oft gewonnen. Messis unermüdliche Leistungen und magische Momente auf dem Spielfeld haben ihn zu einem der größten Fußballspieler aller Zeiten gemacht.

Cristiano Ronaldos Rekord in der Champions League

Cristiano Ronaldo, bekannt für seine außergewöhnlichen Fähigkeiten und seine Torjägerqualitäten, hält den beeindruckenden Rekord als führender Torschütze in der Geschichte der UEFA Champions League. Seine Tore, erzielt in Diensten von Manchester United, Real Madrid und Juventus Turin, haben ihn zu einem der gefürchtetsten Stürmer im Weltfußball und zu einer wahren Legende des Spiels gemacht.

Die Karriere von Diego Maradona

Diego Maradona, eine der schillerndsten Figuren des Fußballs, ist unvergessen für seine legendäre Leistung bei der Fußball-Weltmeisterschaft 1986, bei der er Argentinien zum Sieg führte. Neben seinem berühmten „Hand Gottes"-Tor gewann er mit Napoli auch zweimal die italienische Meisterschaft, was seine außergewöhnliche Begabung und sein Erbe im Fußball unterstreicht.

George Best, der fünfte Beatle

George Best, oft als der fünfte Beatle bezeichnet, war für seine unglaublichen Fähigkeiten auf dem Fußballfeld bekannt. Als Star von Manchester United und Gewinner des Ballon d'Or 1968 zeigte er eine Mischung aus Talent und Charisma, die ihn zu einer Ikone seiner Generation machte.

Zinédine Zidanes Kopfstoß

Zinédine Zidane, weltweit gefeiert für seine Eleganz und Kunst auf dem Fußballfeld, sorgte im WM-Finale 2006 für einen unvergesslichen und kontroversen Moment. Sein Kopfstoß gegen Marco Materazzi war ein schockierendes Ende einer ansonsten makellosen Karriere und bleibt eines der meistdiskutierten Ereignisse in der Fußballgeschichte.

Johan Cruyffs „fliegender Holländer"

Johan Cruyff, bekannt als der ‚fliegende Holländer", war ein revolutionärer Spieler und Trainer. Berühmt für seine „Cruyff-Wende", gewann er dreimal den Ballon d'Or und hatte einen enormen Einfluss auf den Fußball, der weit über seine aktive Karriere hinausgeht.

David Beckhams Freistöße

David Beckham, berühmt für seine präzisen Freistöße, hatte eine glanzvolle Karriere bei Manchester United, Real Madrid und LA Galaxy. Er war nicht nur auf dem Spielfeld ein Star, sondern auch eine Mode- und Werbeikone, die das Bild des modernen Fußballers prägte.

Franz Beckenbauers Führungsstärke

Franz Beckenbauer, auch bekannt als „Der Kaiser", ist eine wahre Fußball-legende, sowohl als Spieler als auch als Trainer. Er zeichnete sich durch außergewöhnliche Führungsqualitäten aus und gewann als einer der wenigen sowohl als Spieler als auch als Trainer die Fußball-Weltmeisterschaft. Seine Karriere bei Bayern München und der deutschen Nationalmannschaft war geprägt von Erfolg und Innovation im Spiel.

Lev Yashins einzigartige Torwartkarriere

Lev Yashin, der „schwarze Panther", ist einzigartig in der Fußballgeschichte. Er ist der einzige Torwart, der den Ballon d'Or gewann. Yashin spielte für Dynamo Moskau und die sowjetische Nationalmannschaft und war bekannt für seine außergewöhnlichen Reflexe und seine Fähigkeit, das Spiel zu lesen.

Ronaldinhos Zauberfußball

Ronaldinho, ein Name, der Synonym für Zauberfußball ist, gewann 2005 den Ballon d'Or. Bekannt für sein spektakuläres Dribbling und seine Spielfreude, spielte er für Clubs wie Barcelona und AC Mailand und war einer der unterhaltsamsten Spieler seiner Zeit.

Miroslav Kloses WM-Rekord

Miroslav Klose, der deutsche Stürmer, hat sich einen unvergesslichen Platz in der Fußballgeschichte gesichert. Er ist der Rekordtorschütze bei Fußball-Weltmeisterschaften mit insgesamt 16 Toren in vier WM-Turnieren. Seine Fähigkeit, in den entscheidenden Momenten Tore zu erzielen, machte ihn zu einem Schlüsselfaktor für das deutsche Team und brachte ihm weltweite Anerkennung.

Alfredo Di Stéfanos Erfolge bei Real Madrid

Alfredo Di Stéfano, eine Legende von Real Madrid, prägte eine Ära des Erfolgs. Mit fünf aufeinanderfolgenden Gewinnen des Europapokals der Landesmeister und zwei Ballon d'Or-Auszeichnungen zeigte er seine außergewöhnlichen Fähigkeiten und trug maßgeblich zum Ruf von Real Madrid als einem der führenden Clubs im Weltfußball bei.

Ferenc Puskás' unvergleichliche Torkunst

Ferenc Puskás, bekannt für seine unglaubliche Treffsicherheit, erzielte für Ungarn 84 Tore in nur 85 Länderspielen. Seine Tore und seine Spielweise waren so beeindruckend, dass der FIFA Puskás Award für das schönste Tor des Jahres nach ihm benannt wurde.

Gerd Müllers Torinstinkt

Gerd Müller, auch „Der Bomber" genannt, war ein Torjäger par excellence. Mit 68 Toren in 62 Spielen für Deutschland zeigte er einen unglaublichen Torinstinkt und prägte eine ganze Ära im deutschen und internationalen Fußball.

Bobby Moores Führungsqualitäten

Bobby Moore, der Kapitän der englischen Weltmeistermannschaft von 1966, wird bis heute für seine herausragenden Verteidigungsleistungen und sein taktisches Geschick gefeiert. Seine Führungsqualitäten auf dem Spielfeld waren ein Schlüssel zum Erfolg Englands bei der WM.

Marco van Bastens Karrierehöhepunkte

Marco van Basten, ein dreimaliger Ballon d'Or-Gewinner, hinterließ unvergessliche Spuren im Fußball, insbesondere mit seinem spektakulären Tor bei der EM 1988 gegen die Sowjetunion. Dieser Treffer gilt als eines der schönsten Tore in der Geschichte des Turniers.

Paolo Maldinis Loyalität zu AC Mailand

Paolo Maldini, eine Ikone des AC Mailand, ist ein Beispiel für außergewöhnliche Treue im Profisport. Während seiner über 25 Jahre andauernden Karriere blieb er dem einzigen Verein treu, gewann 7 Serie A-Titel und 5 Europapokale, und prägte eine Ära des Erfolgs bei Milan.

Roberto Baggios unvergesslicher WM-Moment

Roberto Baggio, einer der talentiertesten italienischen Spieler, wird für seinen verschossenen Elfmeter im WM-Finale 1994 in Erinnerung bleiben. Dieser Moment kostete Italien den Titel und bleibt einer der dramatischsten in der Geschichte der Weltmeisterschaften.

Eusébios brillante WM 1966

Eusébio, der portugiesische Stürmer, zeigte bei der WM 1966 eine herausragende Leistung, die ihn weltweit bekannt machte. Mit 9 Toren wurde er Torschützenkönig des Turniers und führte Portugal zum dritten Platz – dem besten Ergebnis des Landes bei einer WM. Seine atemberaubende Spielweise und seine Tore machten ihn zu einer Fußballikone.

Thierry Henrys Rekord bei Arsenal

Thierry Henry, der französische Stürmer, ist Arsenals Rekordtorschütze und hat in seiner Karriere dort unglaubliche 228 Tore erzielt. Bekannt für seine außergewöhnliche Geschwindigkeit und elegante Spielweise, hinterließ er ein bleibendes Erbe bei Arsenal und in der Premier League.

Lothar Matthäus' lange Karriere

Lothar Matthäus, der deutsche Mittelfeldspieler, ist bekannt für seine Langlebigkeit und Ausdauer auf höchstem Niveau. Mit insgesamt 25 WM-Spielen in fünf Turnieren hält er den Rekord für die meisten WM-Einsätze, ein Zeugnis seiner außergewöhnlichen Karriere und Beständigkeit.

Xavi Hernández' Meisterschaft im Mittelfeld

Xavi Hernández, der maestro des Mittelfelds, war bekannt für seine Präzision und sein taktisches Verständnis. Mit dem FC Barcelona und der spanischen Nationalmannschaft gewann er zahlreiche nationale und internationale Titel und prägte eine Ära des erfolgreichen Fußballs.

Ryan Giggs' Treue zu Manchester United

Ryan Giggs, ein Symbol der Treue, verbrachte seine gesamte 24-jährige Karriere bei Manchester United. Mit dem Rekord für die meisten Auftritte in der Premier League und unzähligen Titeln zeigte er eine beständige Leistung und Treue zu seinem Verein.

Raúl González' Torrekorde

Raúl, der legendäre Stürmer von Real Madrid, etablierte sich als einer der größten Torschützen in der Champions League. Bis 2020 hielt er den Rekord als zweithöchster Torschütze in der Geschichte dieses prestigeträchtigen Wettbewerbs. Seine Tore für Real Madrid zeugten von seiner Beständigkeit und seinem Talent, auf höchstem Niveau zu performen.

Steven Gerrards Heldentaten für Liverpool

Steven Gerrard, ein treues Symbol von Liverpool, führte sein Team zu zahlreichen unvergesslichen Erfolgen. Sein legendärster Moment war im Champions League-Finale 2005, wo sein Team einen 0:3 Rückstand aufholte und den Titel gewann, bekannt als das „Wunder von Istanbul".

Andrés Iniestas entscheidendes WM-Tor

Andrés Iniesta schrieb 2010 Geschichte, als er Spanien mit seinem entscheidenden Tor im WM-Finale gegen die Niederlande zum ersten Weltmeistertitel schoss. Sein Tor in der Verlängerung unterstrich sein Können in entscheidenden Momenten und seinen Einfluss auf dem Spielfeld.

Didier Drogbas Einfluss bei Chelsea

Didier Drogba, der kraftvolle ivorische Stürmer, war für seine entscheidenden Tore in wichtigen Spielen bekannt. Bei Chelsea führte er das Team zu zahlreichen Erfolgen, einschließlich dem Champions League-Titel 2012, wobei er sowohl im Finale ein Tor erzielte als auch den entscheidenden Elfmeter verwandelte.

Zlatan Ibrahimovi´s internationale Karriere

Zlatan Ibrahimovi, der selbstbewusste schwedische Stürmer, ist bekannt für seine technischen Fähigkeiten und sein charakteristisches Selbstvertrauen. Er hat eine beeindruckende internationale Karriere, in der er in Ligen in Schweden, den Niederlanden, Italien, Spanien, Frankreich, England und den USA spielte.

Neymars Aufstieg zum Superstar

Neymar, einer der teuersten Spieler der Welt, besticht durch seine außergewöhnlichen Dribbelkünste und seine Fähigkeit, das Spiel zu entscheiden. Seine Karriere bei Clubs wie Barcelona und Paris Saint-Germain sowie in der brasilianischen Nationalmannschaft hat ihn zu einem der herausragendsten Spieler seiner Generation gemacht.

Oliver Kahns Torwartlegenden

Oliver Kahn, auch bekannt als „Der Titan", war einer der führenden Torhüter seiner Zeit. Seine Leistungen, insbesondere bei der WM 2002,
wo er als bester Spieler des Turniers ausgezeichnet wurde, zeigen seine
herausragenden Fähigkeiten und seinen Einfluss auf dem Spielfeld. Kahns
Führungsqualitäten und sein unnachgiebiger Ehrgeiz machten ihn zu einer
Schlüsselfigur sowohl in der deutschen Nationalmannschaft als auch beim FC
Bayern München.

Michel Platinis Mittelfeldkunst

Michel Platini, der französische Spielmacher, war ein Meister der Mittelfeldkunst.
Er gewann dreimal hintereinander den Ballon d'Or und war bekannt für seine
Fähigkeit, Spiele zu lenken und entscheidende Tore zu erzielen. Seine Spielintelli-
genz und Technik machten ihn zu einem der besten Spieler seiner Ära.

Ruud Gullits Vielseitigkeit

Ruud Gullit, ein vielseitiger niederländischer Spieler, war bekannt für seine
Fähigkeit, in verschiedenen Positionen zu glänzen. Sein Ballon d'Or-Gewinn
1987 und seine Schlüsselrolle bei AC Mailand und der niederländischen Nationalmannschaft unterstreichen seine Bedeutung im internationalen Fußball.

Gabriel Batistutas Torinstinkt

Gabriel Batistuta, bekannt als „Batigol", war einer der gefürchtetsten Stürmer
seiner Zeit. Mit seinem unglaublichen Torinstinkt und seiner beeindruckenden Torausbeute hält er den Rekord für die meisten Tore in der argentinischen Nationalmannschaft und wurde zu einer Legende bei der Fiorentina
und AS Roma.

Paul Scholes' Einfluss im Mittelfeld

Paul Scholes, der für seine Präzision und sein Spielverständnis bekannt ist,
wird oft als einer der besten Mittelfeldspieler seiner Generation angesehen.
Während seiner gesamten Karriere bei Manchester United spielte er eine
Schlüsselrolle und gewann zahlreiche nationale und internationale Titel.

Alessandro Del Pieros Treue zu Juventus

Alessandro Del Piero, der italienische Stürmer, ist ein Symbol für Loyalität und Hingabe. Seine 19-jährige Karriere bei Juventus Turin war geprägt von technischer Brillanz und entscheidenden Momenten, die ihn zum Herzen und zur Seele des Teams machten.

Romário de Souzas Torjägerqualitäten

Romário, der brasilianische Stürmer, war bekannt für seine außergewöhn-lichen Torinstinkte und seine Fähigkeit, in wichtigen Momenten zu glänzen. Sein Beitrag zum Gewinn der Weltmeisterschaft 1994 für Brasilien und seine beeindruckende Torausbeute auf Klubebene unterstreichen seine Stellung als einer der besten Stürmer der Fußballgeschichte.

Roberto Carlos' mächtige Freistöße

Roberto Carlos, der brasilianische Verteidiger, war weit über die Grenzen Brasiliens hinaus berühmt für seine unglaublich kraftvollen und präzisen Freistöße. Seine Technik und die Fähigkeit, dem Ball einen enormen Drall und Geschwindigkeit zu verleihen, sorgten für einige der spektakulärsten Tore in der Fußballgeschichte. Zusätzlich zu seiner Freistoßkunst war seine beein-druckende Geschwindigkeit auf dem Spielfeld ein Schlüsselelement seines Spiels.

George Weahs Ballon d'Or Triumph

George Weah, der liberianische Stürmer, schrieb 1995 Geschichte, indem er als erster und einziger afrikanischer Spieler den Ballon d'Or gewann. Bekannt für seine außergewöhnliche Geschwindigkeit, Kraft und sein Torabschlussvermögen, war Weah ein dominanter Spieler sowohl auf Klubebene als auch international und brach Barrieren in einer von Europäern dominierten Auszeichnung.

Dennis Bergkamps elegante Spielweise

Dennis Bergkamp, der niederländische Stürmer, zeichnete sich durch seine technische Finesse und sein taktisches Verständnis aus. Als Schlüsselspieler für Arsenal und die niederländische Nationalmannschaft war Bergkamp bekannt für seine Eleganz auf dem Spielfeld und seine Fähigkeit, Spiele mit seinen präzisen Pässen und Toren zu entscheiden.

Kenny Dalglishs Erfolge bei Liverpool

Kenny Dalglish ist eine wahre Liverpool-Legende, der sowohl als Spieler als auch als Manager große Erfolge mit dem Verein erzielte. Er gewann mehrere nationale Titel und drei Europapokale, wodurch er sich einen unvergesslichen Platz in der Geschichte des Vereins sicherte.

Hristo Stoichkovs Ballon d'Or Gewinn

Hristo Stoichkov, der bulgarische Stürmer, gewann 1994 den Ballon d'Or. Er war nicht nur für seine Torgefährlichkeit bekannt, sondern auch für seine leidenschaftliche Spielweise, besonders während seiner Zeit beim FC Barcelona, wo er eine Schlüsselrolle spielte.

David Villas Tore für Spanien

David Villa, der spanische Stürmer, ist Spaniens Rekordtorschütze und spielte eine wesentliche Rolle beim Gewinn der Weltmeisterschaft 2010 und der Europameisterschaft 2008. Seine Tore waren oft entscheidend für den Erfolg des spanischen Teams.

Philipp Lahms Vielseitigkeit

Philipp Lahm, bekannt für seine Vielseitigkeit und sein taktisches Verständnis, war ein Schlüsselfaktor für den Erfolg der deutschen Nationalmannschaft, insbesondere als Kapitän beim Gewinn der Weltmeisterschaft 2014. Seine Fähigkeit, sowohl in der Verteidigung als auch im Mittelfeld zu spielen, machte ihn zu einem unverzichtbaren Bestandteil des Teams und zeigte seine außergewöhnliche Anpassungsfähigkeit und Spielintelligenz.

Clarence Seedorfs Erfolg in drei Ländern

Clarence Seedorf ist ein einzigartiges Talent im Weltfußball, da er der einzige Spieler ist, der die UEFA Champions League mit drei verschiedenen Vereinen gewonnen hat – mit Ajax Amsterdam, Real Madrid und AC Mailand. Dieser beeindruckende Erfolg in drei verschiedenen Ligen unterstreicht seine außergewöhnlichen Fähigkeiten und seine Anpassungsfähigkeit an verschiedene Spielstile und Umgebungen.

Gianluigi Buffons Rekordkarriere

Gianluigi Buffon, der legendäre italienische Torhüter, hat eine der bemerkenswertesten Karrieren im Weltfußball. Seine Langlebigkeit und Beständigkeit, mit Spielen in vier verschiedenen Jahrzehnten, machen ihn zu einem der besten Torhüter der Geschichte. Buffon war für seine außergewöhnlichen Reflexe, seine Führungsqualitäten und seine beständigen Leistungen bekannt.

Frank Lampards Torrekord im Mittelfeld

Frank Lampard, der englische Mittelfeldspieler, ist als der torgefährlichste Mittelfeldspieler in der Geschichte der Premier League bekannt. Sein Rekord für die meisten Tore von einem Mittelfeldspieler ist ein Zeugnis seines bemerkenswerten Abschlusses und seiner Fähigkeit, sich offensiv in das Spiel einzubringen, was ihn zu einem Schlüsselfaktor für Chelsea und die englische Nationalmannschaft machte.

Raúl González' Loyalität zu Real Madrid

Raúl González verkörpert das Ideal eines treuen und leidenschaftlichen Fußballspielers. Über Jahre hinweg war er das Herz und die Seele von Real Madrid und prägte eine Ära des Erfolgs. Als langjähriger Rekordtorschütze des Vereins führte er das Team zu zahlreichen Triumphen, darunter drei UEFA Champions League-Siege. Seine Hingabe und Loyalität zu Real Madrid machten ihn zu einem Idol für die Fans und zu einem Symbol des Vereins.

Samuel Eto'os Erfolge in Europa

Samuel Eto'o, der kamerunische Stürmer, zeigte seine außergewöhnlichen Fähigkeiten in verschiedenen europäischen Ligen. Mit dem FC Barcelona gewann er zweimal die UEFA Champions League und wiederholte diesen Erfolg mit Inter Mailand. Eto'os Geschwindigkeit, Technik und Torgefährlichkeit machten ihn zu einem Schlüsselfaktor für jedes Team, in dem er spielte.

Andriy Shevchenkos Goldene Zeit

Andriy Shevchenko, der ukrainische Stürmer, erlebte seine goldene Zeit bei AC Mailand, wo er als einer der besten Stürmer seiner Generation galt. Seine beeindruckende Leistung brachte ihm 2004 den Ballon d'Or ein. Mit seiner Fähigkeit, in entscheidenden Momenten Tore zu erzielen, sicherte er sich einen Platz in der Geschichte des Weltfußballs.

QUIZ

Bist Du bereit, Dein Fußballwissen auf die Probe zu stellen? In diesem spannenden Quizkapitel dreht sich alles um die größten Legenden des Fußballs. Von Pelés Weltrekordtoren bis zu Messis Ballon d'Or Triumphen, von Maradonas unvergesslichen WM-Momenten bis zu Zidanes Kopfstoß - diese Fußballhelden haben die Geschichte des Spiels geprägt. Ob es um ikonische Tore, rekordbrechende Leistungen oder legendäre Karrieren geht, hier kannst Du zeigen, wie gut Du Dich mit den größten Namen des Weltfußballs auskennst. Lass uns sehen, ob Du das Zeug zum Fußballexperten hast!

Multiple-Choice-Quiz

Wer hält den Guinness-Weltrekord für die meisten Tore in seiner Karriere?

A Cristiano Ronaldo ☐

B Lionel Messi ☐

C Pelé ☐

D Gerd Müller ☐

Wer ist der einzige Torwart, der den Ballon d'Or gewonnen hat?

A Gianluigi Buffon ☐

B Oliver Kahn ☐

C Manuel Neuer ☐

D Lev Yashin ☐

Für welchen Club spielte George Weah, als er den Ballon d'Or gewann?

A   AC Mailand

B   Paris Saint-Germain

C   Chelsea

D   Monaco

Wer ist der Rekordtorschütze der spanischen Nationalmannschaft?

A   Fernando Torres

B   Raúl González

C   David Villa

D   Fernando Morientes

Welcher Spieler erzielte das schnellste Tor in einem WM-Finale?

A   Pelé

B   Johan Neeskens

C   Ronaldo

D   Zinedine Zidane

WAHR oder FALSCH

Cristiano Ronaldo hält den Rekord als führender Torschütze in der Geschichte der UEFA Champions League.

A   Wahr

B   Falsch

Miroslav Klose ist der Rekordtorschütze bei Fußball-Weltmeisterschaften.

A   Wahr

B   Falsch

Zinedine Zidane gewann während seiner Karriere fünfmal den Ballon d'Or.

A Wahr ☐

B Falsch ☐

Paolo Maldini gewann im Laufe seiner Karriere fünfmal die Champions League mit AC Mailand.

A Wahr ☐

B Falsch ☐

Ronaldinho gewann 2005 den Ballon d'Or.

A Wahr ☐

B Falsch ☐

Fragen beantworten

1. **Wie viele Tore erzielte Ferenc Puskás für Ungarn in Länderspielen?**

2. **Welcher Spieler führte Deutschland 1990 als Kapitän zum WM-Titel und gewann später auch als Trainer die Weltmeisterschaft?**

3. Wer war der erste und einzige afrikanische Spieler, der den Ballon d'Or gewonnen hat?

....

4. Welcher legendäre Stürmer ist bekannt als „Der Bomber"?

....

5. Für welches Land spielte Eusébio bei der WM 1966 und wurde Torschützenkönig des Turniers?

....

Von Clubs und Meisterschaften: Das Herz des Fußballs

In diesem Kapitel tauchen wir tief ein in die pulsierende Welt der Fußballclubs und Meisterschaften, die das Herzstück des Fußballs bilden. Hier dreht
sich alles um die legendären Teams, deren Namen in jedem Winkel der Erde
bekannt sind und deren Geschichte und Erfolge Fans und Spieler gleichermaßen inspirieren. Wir entdecken die großen Namen wie Real Madrid,
dessen weiße Trikots synonym für europäische Dominanz stehen, den FC
Barcelona mit seinem berühmten „Tiki-Taka"-Fußball, und Bayern München,
das Rückgrat des deutschen Clubfußballs. Aber es geht nicht nur um die
Teams, sondern auch um die Ligen, in denen sie spielen – jede mit ihrer
eigenen Kultur, Geschichte und Reihe von legendären Momenten. Von der
intensiven Rivalität der englischen Premier League, über die taktische Finesse
der italienischen Serie A, bis hin zur technischen Brillanz der spanischen La
Liga und der organisierten Stärke der deutschen Bundesliga. Wir beleuchten,
wie diese Ligen und Clubs die globale Fußballszene prägen, ihre einzigartigen
Stile und Strategien und wie sie zu Zentren der Talententwicklung und Innovation im Fußball geworden sind.

Dieses Kapitel führt Dich durch die aufregende Welt der Fußballclubs und
Meisterschaften, zeigt Dir die Hintergründe und Geschichten hinter den
größten Namen im Spiel und bringt Dir die Leidenschaft und den Geist
näher, der diese Teams und Ligen zu wahren Giganten des Sports macht.
Bereite Dich darauf vor, die Welt des Clubfußballs zu erkunden, wie Du sie
noch nie zuvor gesehen hast!

Real Madrids Europapokal-Dominanz

Real Madrid, einer der prestigeträchtigsten Fußballvereine der Welt, hält den
beeindruckenden Rekord für die meisten Siege im Europapokal/Champions
League. Mit 13 Titeln haben sie mehr als jeder andere Verein gewonnen.
Diese Dominanz unterstreicht die kontinuierliche Exzellenz und das hohe
Niveau des Vereins auf der größten europäischen Bühne und macht Real
Madrid zu einer wahren Dynastie im europäischen Fußball.

Der FC Barcelona und La Masia

Der FC Barcelona ist nicht nur für seine Erfolge auf dem Spielfeld bekannt, sondern auch für seine Jugendakademie La Masia. Diese Akademie ist berühmt für die Entwicklung einiger der besten Fußballer der Welt, darunter Lionel Messi, Xavi Hernández und Andrés Iniesta. La Masia ist ein Synonym für die Förderung von Talent und die Pflege eines einzigartigen Spielstils, der den FC Barcelona zu einem der führenden Clubs im Weltfußball gemacht hat.

Manchester Uniteds "Class of '92"

Manchester Uniteds „Class of ‚92" ist eine der legendärsten Jugendmannschaften in der Fußballgeschichte. Spieler wie David Beckham, Ryan Giggs, Paul Scholes, Nicky Butt und die Neville-Brüder stiegen aus dieser Gruppe auf und spielten eine zentrale Rolle in einer der erfolgreichsten Perioden des Vereins. Ihre Entwicklung und ihr Erfolg sind Zeugnisse der hervorragenden Jugendarbeit bei Manchester United.

AC Milans Unbesiegte Saison

AC Mailand schuf in der Saison 1991/1992 ein Stück Fußballgeschichte, indem sie die gesamte Serie A-Saison ungeschlagen blieben. Diese Leistung, in einer der härtesten Ligen der Welt, stellt eine der bemerkenswertesten Errungenschaften im modernen Fußball dar und unterstreicht die Stärke und Konstanz des damaligen Milan-Teams.

Die Gründung der Premier League

Die Gründung der Premier League im Jahr 1992 markierte einen Wendepunkt im englischen Fußball. Die Topclubs der Football League First Division entschieden sich für die Gründung einer eigenen Liga, hauptsächlich motiviert durch das Potential, höhere TV-Einnahmen zu generieren. Diese Entscheidung führte zu einer Neugestaltung der Fußballlandschaft in England und machte die Premier League zu einer der reichsten und populärsten Fußballligen der Welt.

Ajax Amsterdams Europapokal-Triumph

Ajax Amsterdam prägte eine Ära im europäischen Fußball, indem sie dreimal
hintereinander, von 1971 bis 1973, den Europapokal der Landesmeister gewannen.
Diese Ära war geprägt von einem innovativen Spielstil und der Entwicklung
außergewöhnlicher Talente. Ajax' Erfolg in diesen Jahren hat den Verein nachhaltig als eine der bedeutendsten Kräfte im europäischen Klubfußball etabliert.

Juventus Turins Rekordmeisterschaften

Juventus Turin, einer der renommiertesten Fußballvereine Italiens, hält den
beeindruckenden Rekord als Rekordmeister der Serie A. Mit über 30 Meisterschaftstiteln unterstreichen sie ihre Dominanz im italienischen Fußball. Diese
anhaltende Erfolgsgeschichte macht Juventus zu einem Symbol für Exzellenz
und Konstanz im italienischen und internationalen Fußball.

FC Bayern Münchens Bundesliga-Dominanz

Der FC Bayern München hat sich als der dominierende Verein in der deutschen Bundesliga etabliert. Mit über 30 Meisterschaftstiteln demonstrieren
sie eine beeindruckende Dominanz und Konstanz, die sie nicht nur zum
erfolgreichsten deutschen Verein, sondern auch zu einem der erfolgreichsten europäischen Clubs macht.

Celtic Glasgows 9 Titel in Folge

Celtic Glasgow, einer der traditionellsten Clubs Schottlands, schrieb
Geschichte, indem sie von 1966 bis 1974 neunmal in Folge die schottische
Meisterschaft gewannen. Diese Serie an Titelgewinnen stellt eine der
längsten Dominanzperioden im europäischen Vereinsfußball dar und hat
Celtic als eine der führenden Kräfte im schottischen Fußball etabliert.

Der AFC Sunderland und die Rekordniederlage

Der AFC Sunderland hält den unerwünschten Rekord für die höchste
Niederlage in der Geschichte der englischen Liga. Das Team erlitt 1899 eine
vernichtende 0:8-Niederlage gegen Sheffield United, ein Ergebnis, das in den
Annalen des englischen Fußballs nach wie vor heraussticht.

Der erste Gewinner der Premier League

Manchester United wurde 1993 unter der Leitung von Sir Alex Ferguson
der erste Gewinner der neu gegründeten Premier League. Dieser Erfolg
markierte den Beginn einer Ära der Dominanz für Manchester United in der
englischen Liga unter Fergusons Führung.

Inter Mailands „Triplesieg"

Inter Mailand, angeführt von Trainer José Mourinho, vollbrachte 2010 das
seltene Kunststück, das Triple zu gewinnen. Sie sicherten sich die Serie A, die
Coppa Italia und die UEFA Champions League, ein Triumph, der die Stärke
und die taktische Brillanz des Teams unterstreicht.

Arsenal Londons „Unbesiegbare" Saison

Arsenal vollbrachte in der Premier League-Saison 2003/2004 das Kunststück,
ungeschlagen zu bleiben. Dieser Erfolg, der zuvor nur Preston North End
im Jahr 1888/1889 gelungen war, ist ein Meilenstein in der Geschichte der
Premier League und unterstreicht die Stärke des Teams in jener Saison.

Der FC Porto und José Mourinhos Aufstieg

Der FC Porto sorgte 2004 unter José Mourinho für eine Sensation, als sie
überraschend die UEFA Champions League gewannen. Dieser Erfolg markierte den Beginn von Mourinhos Aufstieg zu einem der weltweit anerkann-
testen und erfolgreichsten Fußballtrainer.

Paris Saint-Germains Ära nach dem Geldregen

Seit der Übernahme durch Qatar Sports Investments im Jahr 2011 hat sich
Paris Saint-Germain zu einer dominanten Kraft in der französischen Ligue
1 entwickelt. Mit erheblichen Investitionen in Spieler und Infrastruktur hat
PSG die französische Liga dominiert und sich als ernstzunehmender Akteur
im europäischen Klubfußball etabliert.

Borussia Dortmunds legendäre „Gelbe Wand"

Borussia Dortmund ist berühmt für seine „Gelbe Wand", die Südtribüne
des Signal Iduna Parks, die als einer der eindrucksvollsten und leidenschaftlichsten Fanblöcke der Welt gilt. Die unglaubliche Atmosphäre, die diese
Fans schaffen, ist ein Symbol für die Leidenschaft und Treue der Dortmund-
Anhänger und ein wesentlicher Bestandteil der Clubidentität.

Glasgow Rangers' finanzieller Kollaps und Wiederaufstieg

Die Glasgow Rangers, einer der traditionsreichsten Fußballvereine Schottlands, erlebten 2012 einen dramatischen finanziellen Zusammenbruch, der
zum Zwangsabstieg in die vierte Liga führte. Ihr anschließender Kampf
zurück an die Spitze und die Rückkehr in die erste Liga Schottlands ist
eine Geschichte von Widerstandsfähigkeit und Entschlossenheit, die den
unerschütterlichen Geist des Vereins und seiner Fans widerspiegelt.

Die Gründung der Major League Soccer

Die Major League Soccer (MLS) wurde 1996 in den USA und Kanada als Teil
des Engagements für die Förderung des Fußballs in Nordamerika gegründet,
insbesondere nach der Ausrichtung der FIFA-Weltmeisterschaft 1994 in den
USA. Die MLS war ein wichtiger Schritt, um den Fußball in einer Region zu
etablieren, die traditionell von anderen Sportarten dominiert wurde, und
hat sich seitdem zu einer wettbewerbsfähigen und beliebten Liga entwickelt.

Olympique Lyonnais' Dominanz im Frauenfußball

Olympique Lyon hat sich als eine der führenden Kräfte im europäischen Frauenfußball etabliert. Mit mehreren Titeln in der UEFA
Women's Champions League haben sie ihre Dominanz und
ihr Engagement für die Entwicklung des Frauenfußballs unter
Beweis gestellt, wodurch sie Maßstäbe in Qualität und Erfolg
setzen.

Atletico Madrids Kampf gegen die Giganten

Atletico Madrid hat sich trotz der überwältigenden Präsenz und Dominanz
von Real Madrid und dem FC Barcelona in der spanischen La Liga als Spitzen-
verein etabliert. Ihr Erfolg, einschließlich mehrerer bedeutender Titelgewinne, zeigt ihren Kampfgeist und ihre Fähigkeit, sich gegen größere Rivalen
durchzusetzen.

Benfica Lissabons Europapokal-Fluch

Nach dem Gewinn der Europapokale in den frühen 1960er Jahren scheiterte
Benfica Lissabon in späteren Finalteilnahmen daran, weitere Titel zu erringen,
ein Phänomen, das oft als „Guttman-Fluch" bezeichnet wird. Diese Serie
unglücklicher Niederlagen bleibt eines der rätselhaftesten Kapitel in der
Geschichte des europäischen Fußballs.

Der SSC Neapel und die Ära Maradona

Unter der Führung von Diego Maradona erlebte der SSC Neapel in den
späten 1980er Jahren seine goldene Ära. Maradonas beispielloses Talent
führte den Verein zu seinen ersten und bisher einzigen italienischen Meistertiteln, wodurch er eine unvergessliche Legende in Neapel wurde.

AS Monacos Erfolg als Ausbildungsverein

AS Monaco hat sich einen Ruf als herausragender Ausbildungsverein
erarbeitet, bekannt für die Entwicklung von Weltklasse-Talenten wie Kylian
Mbappé und Thierry Henry. Ihre Fähigkeit, junge Spieler zu fördern und
zu entwickeln, hat sie zu einem wichtigen Akteur im europäischen Fußball
gemacht.

Leeds Uniteds Aufstieg und Fall

Leeds United erlebte Anfang der 2000er Jahre einen dramatischen Fall von
der Spitze des englischen Fußballs, der in den Abstieg in die dritte Liga
mündete. Ihr Wiederaufstieg in die Premier League im Jahr 2020 war eine
Geschichte der Wiedergeburt und des Durchhaltevermögens, die das Herz
und den Geist des Vereins und seiner Anhänger zeigt.

Galatasaray Istanbuls Europapokalsieg

Galatasaray Istanbul machte 2000 Geschichte, indem sie als erster türkischer Verein einen europäischen Pokal gewannen. Ihr Sieg über den FC Arsenal in der UEFA Europa League war ein bahnbrechender Moment für den türkischen Fußball und stellte Galatasaray auf die Landkarte des europäischen Vereinsfußballs.

River Plate vs. Boca Juniors: Superclásico

Der Superclásico zwischen River Plate und Boca Juniors ist mehr als nur ein Fußballspiel; es ist eine der intensivsten und leidenschaftlichsten Rivalitäten im Weltfußball. Diese Begegnungen zwischen den beiden argentinischen Giganten sind nicht nur von großer Bedeutung in der nationalen Liga, sondern ziehen weltweit Aufmerksamkeit auf sich. Die Atmosphäre, die Leidenschaft der Fans und die historische Rivalität machen jedes Spiel zu einem unvergesslichen Ereignis.

Ajax Amsterdams Rekordmeisterschaften

Ajax Amsterdam hat sich als einer der erfolgreichsten Vereine in der Geschichte der niederländischen Eredivisie etabliert. Mit dem Rekord für die meisten Meistertitel haben sie ihre Position als eine führende Kraft im niederländischen Fußball unter Beweis gestellt. Ihre Tradition, junge Talente zu entwickeln und attraktiven Fußball zu spielen, hat Ajax zu einem Symbol des Erfolgs in den Niederlanden und Europa gemacht.

Flamengos Popularität in Brasilien

Flamengo aus Rio de Janeiro ist einer der beliebtesten und erfolgreichsten Fußballvereine in Brasilien. Mit einer der größten Fangemeinden weltweit ist Flamengo ein Symbol für Leidenschaft und Hingabe im brasilianischen Fußball. Ihre Erfolge auf dem Spielfeld und die leidenschaftliche Unterstützung ihrer Anhänger haben Flamengo zu einem der bedeutendsten Clubs in der Geschichte des brasilianischen Fußballs gemacht.

Der FC Sevilla und die UEFA Europa League

Der FC Sevilla hat sich als der erfolgreichste Klub in der Geschichte der UEFA Europa League etabliert. Mit sechs Titelgewinnen haben sie den Wettbewerb öfter gewonnen als jeder andere Verein, was ihre außergewöhnliche Kompetenz und Beständigkeit in diesem europäischen Turnier unterstreicht.

Die Entstehung der Chinese Super League

Die Chinese Super League, gegründet im Jahr 2004, hat sich rasch zu einer der reichsten Fußballligen der Welt entwickelt. Sie zieht durch hohe Gehälter und Investitionen zahlreiche internationale Stars an, was die Liga zu einem wichtigen Akteur im globalen Fußball macht.

Chelseas Champions League-Sieg 2012

Chelsea FC sicherte sich 2012 seinen ersten UEFA Champions League-Titel in einem dramatischen Finale gegen Bayern München. Der Sieg im Elfmeterschießen in München war ein historischer Moment für den Londoner Klub und markierte einen Höhepunkt in der Geschichte von Chelsea.

Der Aufstieg von RB Leipzig

RB Leipzig, seit seiner Gründung im Jahr 2009, hat einen bemerkenswerten Aufstieg erlebt. Sie stiegen schnell in die Bundesliga auf und etablierten sich als einer der führenden Vereine in Deutschland. Bekannt für ihre jugendliche Mannschaft und innovative Spieltaktik, hat Leipzig die Fußballlandschaft in Deutschland herausgefordert und belebt.

Die Gründung der Serie A

Die italienische Serie A, gegründet im Jahr 1929, ist eine der ältesten und renommiertesten Fußballligen der Welt. Mit einer Geschichte reich an Tradition und legendären Spielern, bleibt die Serie A eine der führenden Ligen im globalen Fußball.

FC Santos' Globale Berühmtheit

Der FC Santos erlangte in den 1950er bis 1970er Jahren durch die Spielzeit von Pelé weltweite Berühmtheit. In dieser Zeit galt der Verein als einer der besten Klubs der Welt und trug wesentlich zur Entwicklung des brasilianischen Fußballs bei.

Der historische UEFA-Cup-Sieg von Schachtar Donezk

Schachtar Donezk schrieb 2009 Geschichte, indem der Verein als erster ukrainischer Klub den UEFA-Cup gewann. Dieser Erfolg markierte einen wichtigen Moment für den ukrainischen Fußball und erhöhte das internationale Ansehen von Schachtar Donezk.

Der Einfluss von Johan Cruyff bei Ajax und Barcelona

Johan Cruyff hinterließ sowohl als Spieler als auch als Trainer bei Ajax Amsterdam und dem FC Barcelona ein bedeutendes Erbe. Er prägte das berühmte Tiki-Taka-Spiel und beeinflusste die Fußballphilosophie beider Vereine nachhaltig, was ihre Spielweise revolutionierte.

Lille OSCs Überraschungsmeisterschaft

Lille OSC sorgte 2011 für eine Sensation in der französischen Ligue 1, indem sie die Meisterschaft gewannen und damit favorisierte Teams wie Paris Saint-Germain und Olympique Lyon übertrafen. Dieser Erfolg zeigte die Wettbewerbsfähigkeit der Liga und Lilles Fähigkeit, mit den großen Vereinen zu konkurrieren.

Der ewige Rivale: Fenerbahçe und Galatasaray

Das Istanbul-Derby zwischen Fenerbahçe und Galatasaray gehört zu den aufgeladensten und leidenschaftlichsten Rivalitäten im Weltfußball. Die Spiele zwischen diesen beiden Teams sind bekannt für ihre elektrisierende Atmosphäre und die leidenschaftliche Unterstützung durch die Fans.

FC Kopenhagens Dominanz in Dänemark

Der FC Kopenhagen hat sich seit seiner Gründung 1992 als der erfolgreichste Fußballverein in der dänischen Superliga etabliert. Mit zahlreichen Meistertiteln haben sie ihre Dominanz in Dänemark unter Beweis gestellt und sind zu einem Synonym für Erfolg im dänischen Fußball geworden.

Der Aufstieg des Frauenfußballs: Olympique Lyonnais Féminin

Olympique Lyonnais Féminin hat sich als einer der dominantesten Frauenfußballvereine der Welt etabliert. Mit zahlreichen Titeln in der UEFA Women's Champions League und einer anhaltenden Dominanz in der französischen Liga haben sie Maßstäbe im Frauenfußball gesetzt und die Entwicklung des Spiels maßgeblich beeinflusst.

Borussia Mönchengladbachs Erfolge in den 1970ern

In den 1970er Jahren war Borussia Mönchengladbach eine der führenden Kräfte im deutschen Fußball. Mit fünf Bundesliga-Titeln in diesem Jahrzehnt etablierten sie sich als einer der Spitzenvereine Deutschlands und waren bekannt für ihren attraktiven und offensiven Fußballstil.

Athletic Bilbaos Baskische Spielerpolitik

Athletic Bilbao hat eine einzigartige Politik, die darauf basiert, hauptsächlich Spieler baskischer Herkunft zu rekrutieren. Diese Philosophie, die tief in der regionalen Kultur und Identität verwurzelt ist, hat trotz ihrer Beschränkungen zu beachtlichen Erfolgen geführt. Bilbao hat sich als einer der konstanten Vereine in der spanischen La Liga etabliert und beweist, dass ein starkes lokales Erbe und eine klare Vision zu sportlichem Erfolg führen können.

Der FC Basel als Schweizer Fußballmacht

Der FC Basel hat sich als die dominierende Kraft im Schweizer Fußball des 21. Jahrhunderts etabliert. Mit zahlreichen nationalen Meistertiteln und regelmäßigen Teilnahmen an europäischen Wettbewerben hat der Club seine Stellung als führender Verein in der Schweiz gefestigt und wird oft als Maßstab für Erfolg in der Schweizer Super League angesehen.

Dinamo Zagrebs Dominanz in Kroatien

Dinamo Zagreb ist der führende Verein in der kroatischen ersten Liga (1. HNL) und hat seit der Unabhängigkeit Kroatiens die meisten Meisterschaften gewonnen. Ihre Dominanz im nationalen Fußball spiegelt ihre beständige Qualität und ihre Fähigkeit wider, Talente zu entwickeln und erfolgreich zu sein.

Rosenborg BKs Rekordserie in Norwegen

Rosenborg BK dominierte den norwegischen Fußball in den 1990er und frühen 2000er Jahren auf beeindruckende Weise, indem sie 13 Mal hintereinander die norwegische Tippeligaen gewannen. Diese Rekordserie unterstreicht die Überlegenheit des Vereins in dieser Zeit und macht Rosenborg zu einem der erfolgreichsten Clubs in der Geschichte des norwegischen Fußballs.

FC Porto, Benfica und Sporting Lissabon: Portugals „Große Drei"

Die „Großen Drei" des portugiesischen Fußballs - FC Porto, Benfica Lissabon und Sporting Lissabon - haben die Primeira Liga seit ihrer Gründung dominiert. Diese Vereine sind nicht nur sportlich erfolgreich, sondern haben auch eine tief verwurzelte kulturelle und historische Bedeutung in Portugal und sind zentrale Akteure im portugiesischen Fußball.

Beşiktaş JKs Anhängerschaft

Beşiktaş JK, einer der drei großen Fußballvereine Istanbuls, ist bekannt für seine leidenschaftlichen Fans. Die Anhängerschaft des Vereins ist bekannt für ihre Treue und Leidenschaft, was Beşiktaş zu einem der meist unterstützten Clubs in der türkischen Süper Lig macht.

Olympiakos' Dominanz in Griechenland

Olympiakos Piräus hat sich als der erfolgreichste Verein in der Geschichte der griechischen Super League etabliert. Mit einer überwältigenden Anzahl an Meistertiteln dominiert Olympiakos seit Jahrzehnten den griechischen Fußball und ist ein Synonym für Erfolg und Beständigkeit in Griechenland.

Der FC Kopenhagen und seine Derby-Rivalität

Der FC Kopenhagen, einer der führenden dänischen Fußballvereine, hat eine intensive Rivalität mit Brøndby IF, bekannt als das „New Firm" Derby. Diese Derbys sind einige der am meisten erwarteten Spiele in der dänischen Super- liga und zeichnen sich durch ihre spannende Atmosphäre und den starken Wettbewerbsgeist aus.

RSC Anderlecht als belgischer Rekordmeister

RSC Anderlecht ist der erfolgreichste Verein in der Geschichte des belgi- schen Fußballs. Mit der höchsten Anzahl an Meistertiteln in der ersten Liga hat Anderlecht seine Position als führender Klub in Belgien gefestigt und ist bekannt für seine Fähigkeit, sowohl national als auch international zu konkur- rieren.

QUIZ

Club- und Meisterschafts-Quiz:
Wie gut kennst Du die Vereinswelt?

In diesem spannenden Teil unseres Fußballbuches nehmen wir Dich mit auf eine faszinierende Reise durch die glanzvolle Welt der Fußballclubs und ihre triumphreichen Momente in verschiedenen Meisterschaften. Von den unvergesslichen Triumphen von Real Madrid in der Champions League bis hin zu den legendären Erfolgen von Ajax Amsterdam, Manchester United und vielen anderen Top-Clubs – dieses Kapitel testet Dein Wissen über die Höhepunkte und historischen Meilensteine im Vereinsfußball. Bist Du bereit, Deine Kenntnisse über die größten Vereine und ihre prägendsten Erfolge unter Beweis zu stellen? Tauche ein in die Welt der Vereine und Meisterschaften und zeige, wie viel Du wirklich über den Herzschlag des Fußballs weißt!

Multiple-Choice-Quiz

Welcher Verein hält den Rekord für die meisten Siege im Europapokal/Champions League?

A FC Barcelona ☐

B AC Mailand ☐

C Real Madrid ☐

D Manchester United ☐

Welche Jugendakademie ist berühmt für die Entwicklung von Spielern wie Lionel Messi, Xavi Hernández und Andrés Iniesta?

A La Masia (FC Barcelona) ☐

B Castilla (Real Madrid) ☐

C Ajax Youth Academy ☐

D Manchester United Academy ☐

Wer wurde 1993 der erste Gewinner der neu gegründeten Premier League?

A Arsenal ☐

B Liverpool ☐

C Chelsea ☐

D Manchester United ☐

Welcher Verein vollbrachte 2010 das seltene Kunststück, das Triple (Serie A, Coppa Italia, UEFA Champions League) zu gewinnen?

A FC Barcelona ☐

B Inter Mailand ☐

C Manchester United ☐

D FC Chelsea ☐

Welcher Klub gewann dreimal hintereinander den Europapokal der Landesmeister von 1971 bis 1973?

A Juventus Turin ☐

B Bayern München ☐

C Ajax Amsterdam ☐

D Inter Mailand ☐

WAHR oder FALSCH

Real Madrid hat 13 Mal den Europapokal/Champions League gewonnen.

A Wahr ☐

B Falsch ☐

Manchester Uniteds „Class of ‚92" umfasste Spieler wie Thierry Henry und Zinedine Zidane.

A Wahr ☐

B Falsch ☐

Olympique Lyonnais hat mehrere Titel in der UEFA Women's Champions League gewonnen.

A Wahr ☐

B Falsch ☐

Celtic Glasgow gewann neunmal in Folge die schottische Meisterschaft von 1966 bis 1974.

A Wahr ☐

B Falsch ☐

Der FC Barcelona hat nie eine ungeschlagene Saison in der La Liga absolviert.

A Wahr ☐

B Falsch ☐

Fragen beantworten

1. Wer ist der einzige Torhüter, der den Ballon d'Or gewonnen hat?

2. Welcher deutsche Spieler hält den Rekord für die meisten Tore bei Fußball-Weltmeisterschaften?

3. In welchem Jahr gewann Chelsea FC seinen ersten UEFA
Champions League-Titel?

....

4. Welcher Spieler erzielte das „Golden Goal" für Deutschland in der
Euro 1996?

....

5. Für welchen Verein spielte David Beckham, als er Teil von
Manchester Uniteds „Class of ‚92" war?

....

Das Spiel verstehen: Meister der Taktik und Technik

In „Das Spiel verstehen: Meister der Taktik und Technik" enthüllen wir die faszinierenden Schichten, die den modernen Fußball prägen und definieren. Fußball ist ein komplexes Schachspiel, bei dem jede Bewegung, jeder Pass und jede Formation das Ergebnis sorgfältiger Planung und jahrelanger Übung ist. In diesem Kapitel entschlüsseln wir die Geheimnisse hinter den brillanten taktischen Manövern und der meisterhaften Technik, die die großen Mannschaften und Spieler auszeichnen. Wir erkunden, wie Trainer wie Pep Guardiola, Jürgen Klopp und José Mourinho das Spiel mit ihren innovativen Strategien revolutioniert haben, von Guardiolas ballbesitzorientiertem „Tiki-Taka" bis zu Klopps intensivem „Gegenpressing". Wir werfen einen Blick darauf, wie Spieler ihre technischen Fähigkeiten verfeinern, von perfekten Pässen bis hin zu atemberaubenden Dribblings, und wie diese Fertigkeiten in den größten Spielmomenten zum Tragen kommen.

Dieses Kapitel ist auch eine Reise durch die Entwicklung des Spiels – von den Anfängen, in denen Taktik kaum eine Rolle spielte, bis hin zu den hochentwickelten Spielsystemen der heutigen Profiligen. Wir zeigen, wie sich die Positionen im Laufe der Zeit gewandelt haben, wie die Rolle eines Mittelfeldspielers heute ganz anders definiert wird als früher, und wie moderne Verteidiger sowohl Abwehrkünstler als auch Startpunkte für Angriffe sind. Durch detaillierte Analysen, Anekdoten und Beispiele wirst Du eine neue Wertschätzung für die Nuancen des Spiels entwickeln und verstehen, warum Fußball wirklich als das „schöne Spiel" bezeichnet wird. Nach diesem Kapitel wirst Du Fußball nicht nur als Sport, sondern als eine Kunstform sehen, in der jede Bewegung und Entscheidung zählt.

Die Entwicklung des 4-4-2-Systems

Das 4-4-2-System, charakterisiert durch zwei Stürmer und vier Mittelfeldspieler, wurde in den 1980er Jahren populär und galt lange als das Standardformationsschema im Fußball. Es bot eine gute Balance zwischen Angriff und Verteidigung und wurde von vielen Teams weltweit aufgrund seiner Effektivität und Einfachheit bevorzugt.

Die Tiki-Taka-Spielweise des FC Barcelona

Tiki-Taka, ein Spielstil, der für kurzes Passspiel und Ballbesitz steht, wurde in den späten 2000ern durch den FC Barcelona und die spanische Nationalmannschaft berühmt. Diese Spielweise, die sich durch präzises, schnelles Passspiel auszeichnet, revolutionierte den Fußball und führte zu einer Reihe von Erfolgen, sowohl auf Klub- als auch auf Nationalmannschaftsebene.

Die Gegenpressing-Taktik

Gegenpressing, das Konzept des schnellen Zurückeroberns des Balls unmittelbar nach dem Ballverlust, wurde besonders durch Jürgen Klopp und seinen „Heavy Metal-Fußball" bei Borussia Dortmund und später beim FC Liverpool bekannt. Diese Taktik legt den Fokus auf hohe Intensität und kollektives Anlaufen, um den Gegner unter Druck zu setzen.

Pressing-Taktik

Pressing, das aggressive Anlaufen des Gegners, um den Spielaufbau früh zu stören, wurde durch Trainer wie Rinus Michels und später durch Pep Guardiola perfektioniert. Diese Taktik erfordert ein hohes Maß an Disziplin und Teamarbeit und ist darauf ausgerichtet, den Ball so schnell wie möglich zurückzugewinnen.

Flügelspieler im modernen Fußball

Im modernen Fußball sind Flügelspieler, die auf den Außenbahnen agieren, entscheidend für das Brechen von dichten Abwehrreihen. Sie nutzen ihre Geschwindigkeit und Technik für schnelle Dribblings und präzise Flanken, um den Angriff zu dynamisieren.

Die Rolle des defensiven Mittelfeldspielers

Der defensive Mittelfeldspieler, auch bekannt als „Sechser", ist von zentraler Bedeutung für den Schutz der Abwehr und oft der erste Spieler im Spielaufbau. Diese Position erfordert taktisches Verständnis, Disziplin und die Fähigkeit, das Spiel zu lesen.

Die Entwicklung der „falschen Neun" in der Moderne

Die moderne Interpretation der „falschen Neun" wurde insbesondere von Lionel Messi unter der Leitung von Pep Guardiola bei Barcelona perfektioniert. Diese Rolle revolutionierte die Position des Stürmers, indem der Spieler mehr in der Tiefe agiert und sich an der Spielgestaltung beteiligt, anstatt als traditioneller Zielstürmer zu fungieren.

Die Entwicklung des modernen Innenverteidigers

Moderne Innenverteidiger sind nicht mehr nur auf das reine Verteidigen beschränkt, sondern spielen auch eine wichtige Rolle im Spielaufbau. Sie müssen technisch versiert sein und das Spiel von hinten aufbauen können. Spieler wie Sergio Ramos und Virgil van Dijk symbolisieren diese Entwicklung mit ihrer Fähigkeit, sowohl defensiv als auch im Spielaufbau zu glänzen.

Die Rolle des offensiven Außenverteidigers

In der modernen Fußballtaktk sind offensive Außenverteidiger, die sich aktiv in den Angriff einschalten, immer wichtiger geworden. Sie agieren fast wie Flügelspieler und unterstützen den Angriff mit Vorstößen, Flanken und gelegentlich auch Torschüssen. Beispiele für diese Rolle sind Marcelo von Real Madrid und Trent Alexander-Arnold vom FC Liverpool.

Die Wichtigkeit der Schnittstellenpässe

Schnittstellenpässe, die die gegnerische Abwehr aufbrechen, sind ein Schlüsselelement in den Strategien vieler erfolgreicher Teams. Spieler wie Kevin De Bruyne, die für ihre Fähigkeit bekannt sind, präzise Pässe in die Tiefe zu spielen, können die Verteidigungslinien des Gegners aufbrechen und entscheidende Chancen für ihr Team schaffen.

QUIZ

Taktik und Technik-Quiz:
Bist Du ein Fußballstratege?

In diesem Kapitel tauchen wir tief in die faszinierende Welt der Fußball-strategien und Spieltechniken ein. Hier kannst Du Dein Wissen über die revolutionären Taktiken, die den modernen Fußball geprägt haben, auf die Probe stellen. Verstehst Du die Nuancen des 4-4-2-Systems, die Genialität hinter dem Tiki-Taka-Stil oder die Effektivität des Gegenpressings? Kennst Du die Schlüsselspieler, die bestimmte Positionen auf dem Spielfeld neu definiert haben? Dieses Quiz bietet Dir die Gelegenheit, Deine Kenntnisse über die verschiedenen Aspekte der Fußballtaktik und -technik zu demonstrieren. Bereite Dich darauf vor, die tiefgründigen Strategien und innovativen Spiel-weisen zu erkunden, die den Sport so dynamisch und aufregend machen. Viel Erfolg!"

Multiple-Choice-Quiz

Welche Fußballmannschaft hat die Tiki-Taka-Spielweise berühmt gemacht?

A Real Madrid ☐

B FC Barcelona ☐

C Manchester United ☐

D AC Mila ☐

Welcher Trainer ist bekannt für die Entwicklung der Gegenpressing-Taktik?

A Rinus Michels ☐

B Jürgen Klopp ☐

C Pep Guardiola ☐

D José Mourinho ☐

Welche Rolle hat Lionel Messi in der Taktik der „falschen Neun" gespielt?

A Erfinder ☐

B Perfektionierer ☐

C Kritiker ☐

D Gegner ☐

WAHR oder FALSCH

Das 4-4-2-System wurde in den 1970er Jahren populär.

A Wahr ☐

B Falsch ☐

Moderne Innenverteidiger sind ausschließlich auf das reine Verteidigen beschränkt.

A Wahr ☐

B Falsch ☐

Offensive Außenverteidiger sind im modernen Fußball weniger wichtig geworden.

A Wahr ☐

B Falsch ☐

Fragen beantworten

1. Nenne den Spieler, der die Rolle der „falschen Neun" unter der Leitung von Pep Guardiola bei Barcelona perfektioniert hat.

2. Beschreibe die Hauptaufgabe eines defensiven Mittelfeldspielers im Fußball.

3. Nenne zwei moderne Innenverteidiger, die für ihre Fähigkeiten sowohl in der Verteidigung als auch im Spielaufbau bekannt sind.

Weltrekorde: Fußball in Zahlen

Im Kapitel „Weltrekorde: Fußball in Zahlen" tauchen wir in die beeindruckende Welt der Fußballrekorde ein, eine Welt, in der Zahlen und Statistiken
die unglaublichen Leistungen und Meilensteine im Fußball dokumentieren.
Hier betrachten wir die rekordverdächtigen Errungenschaften, die in den
Annalen des Sports verewigt sind und die Fans und Spieler gleichermaßen
faszinieren. Von den phänomenalen Torrekorden eines Lionel Messi oder
Cristiano Ronaldo, die die Messlatte für künftige Generationen höher legen,
bis hin zu Teams wie dem FC Arsenal, der in der Saison 2003/2004 ungeschlagen blieb, enthüllt dieses Kapitel die Zahlen hinter den größten Erfolgen
im Fußball.

Wir erforschen Rekorde in verschiedenen Kategorien: Tore, Spiele, Siege,
Titel und viele mehr. Erfahre, welcher Spieler die meisten Tore in einer
Saison geschossen hat, welches Nationalteam die längste Siegesserie hält,
oder welcher Torwart die meisten Spiele ohne Gegentor absolvierte. Dieses
Kapitel bietet auch einen Blick auf einige der weniger bekannten, aber
ebenso beeindruckenden Rekorde, wie die meisten Tore in einem Spiel, die
schnellsten Hattricks oder die längsten Elfmeterschießen. Bereit? Los geht's!

Miroslav Kloses WM-Torrekord

Miroslav Klose, der deutsche Stürmer, hält den beeindruckenden Rekord für
die meisten Tore in der Geschichte der Fußball-Weltmeisterschaften mit 16
Toren. Seine Fähigkeit, in den wichtigsten Spielen auf höchstem Niveau zu
performen, macht ihn zu einer wahren Legende des Weltfußballs.

Die meisten Tore in einem Kalenderjahr

Lionel Messi setzte 2012 einen bemerkenswerten Rekord, als er für den FC
Barcelona und die argentinische Nationalmannschaft insgesamt 91 Tore
erzielte. Dieser Rekord unterstreicht Messis außergewöhnliche Torgefährlichkeit und Konsistenz über ein ganzes Jahr.

Rekord für die meisten Ballon d'Or Gewinne

Lionel Messi hat sechsmal den Ballon d'Or gewonnen, was ihn zum Rekordhalter für die meisten Gewinne dieser prestigeträchtigen Auszeichnung macht. Diese Leistung zeugt von seiner anhaltenden Exzellenz und seinem Einfluss im Weltfußball.

Die längste Serie ohne Niederlagen

SE Palmeiras aus Brasilien hält den Rekord für die längste Serie ohne Niederlagen im Fußball. Zwischen 1972 und 1973 blieb der Verein in 26 Spielen ungeschlagen, was ihre Dominanz und Beständigkeit in dieser Zeit zeigt.

Die meisten Ligatitel

Der walisische Klub The New Saints hält den Rekord für die meisten aufeinanderfolgenden nationalen Ligatitel. Zwischen 2012 und 2020 gewannen sie acht Titel in Folge, eine beeindruckende Leistung in der walisischen Fußballgeschichte.

Der älteste professionelle Fußballspieler

Ezzeldin Bahader aus Ägypten ist der älteste professionelle Fußballspieler, der im Alter von 74 Jahren für den ägyptischen Drittligisten 6th October Club spielte. Seine Karriere ist ein bemerkenswertes Beispiel für Langlebigkeit und Leidenschaft für das Spiel.

Die meisten Europapokalsiege eines Vereins

Real Madrid hält den Rekord für die meisten Siege in der UEFA Champions League mit insgesamt 13 Titeln. Diese beeindruckende Zahl unterstreicht die anhaltende Exzellenz und Dominanz des spanischen Klubs in Europa.

Die meisten Tore in einem einzigen Premier League-Spiel

Manchester United hält den Rekord für die meisten Tore in einem Premier League-Spiel mit neun Toren, ein Kunststück, das sie 1995 gegen Ipswich Town erreichten und 2021 gegen Southampton wiederholten.

Die meisten Tore in einer Bundesliga-Saison

Gerd Müller, der legendäre deutsche Stürmer, hält den Rekord für die meisten Tore in einer einzigen Bundesliga-Saison. In der Saison 1971/1972 erzielte er für den FC Bayern München 40 Tore.

Der schnellste Hattrick

Der schnellste Hattrick in der Geschichte der Premier League wurde von Sadio Mané für Southampton in nur 2 Minuten und 56 Sekunden erzielt.

Die meisten Spiele in der Fußball-Weltmeisterschaft

Die deutsche Fußballnationalmannschaft hat die meisten Spiele in der Geschichte der Fußball-Weltmeisterschaften gespielt, mit über 100 Spielen.

Der jüngste Spieler in einer Fußball-WM

Norman Whiteside aus Nordirland ist der jüngste Spieler, der jemals in einer Fußball-Weltmeisterschaft gespielt hat. Bei seiner Teilnahme im Jahr 1982 war er nur 17 Jahre und 41 Tage alt, ein Rekord, der seine außergewöhnliche Frühreife und sein Talent unterstreicht.

Die meisten Tore in der Champions League

Cristiano Ronaldo hält den Rekord für die meisten Tore in der UEFA Champions League, mit über 130 Toren. Seine beeindruckende Torquote in diesem Wettbewerb belegt seine Stellung als einer der besten Spieler in der Geschichte des Fußballs.

Die längste Serie ohne Gegentor

Der brasilianische Torwart Márcio Victor hält den Rekord für die längste Serie ohne Gegentor in der Fußballgeschichte. Zwischen 1977 und 1978 kassierte er in 1.816 Minuten kein einziges Gegentor, ein Zeugnis seiner außergewöhnlichen Fähigkeiten als Torhüter.

Die meisten Tore in einer einzigen Europameisterschaft

Michel Platini, der französische Stürmer, hält den Rekord für die meisten Tore in einer einzigen UEFA-Europameisterschaft. 1984 erzielte er neun Tore und führte Frankreich zum Titelgewinn, was seine herausragende Torgefährlichkeit unterstreicht.

Der älteste Torschütze in der Premier League

Teddy Sheringham hält den Rekord als ältester Torschütze in der Premier League. Er erzielte im Alter von 40 Jahren und 268 Tagen ein Tor für West Ham United.

Die meisten Tore in einem internationalen Spiel

Australien hält den Rekord für die meisten Tore in einem internationalen Spiel. Im Jahr 2001 besiegten sie Amerikanisch-Samoa mit einem unglaublichen Ergebnis von 31:0.

Die längste ungeschlagene Serie im Vereinsfußball

SC Internacional aus Brasilien hält den Rekord für die längste ungeschlagene Serie im Vereinsfußball. Zwischen 1978 und 1979 blieben sie in 88 aufeinanderfolgenden Spielen ohne Niederlage.

Die meisten Tore in einer einzigen Saison

Pelé hält den Rekord für die meisten Tore in einer einzigen Saison. In der Saison 1958 erzielte er für den FC Santos unglaubliche 127 Tore, ein Beleg für seine außergewöhnliche Torgefährlichkeit und seinen Status als einer der größten Fußballspieler aller Zeiten.

Die schnellste Gelbe Karte

Die schnellste Gelbe Karte in der Geschichte des Profifußballs wurde in einem Amateur-Spiel in England nach nur zwei Sekunden vergeben.

Die meisten Tore in einem Länderspiel

Der Rekord für die meisten Tore in einem Länderspiel wurde 2001 erreicht, als Australien Amerikanisch-Samoa mit 31:0 besiegte.

Die meisten Länderspieltore einer Frau

Die kanadische Fußballerin Christine Sinclair hält den Rekord für die meisten Länderspieltore einer Frau, mit über 180 Toren.

Die meisten gewonnenen FIFA-Weltmeister-Titel

Brasilien hält den Rekord für die meisten gewonnenen FIFA-Weltmeister-Titel, mit insgesamt fünf Siegen.

Die meisten Premier League-Titel eines Vereins

Manchester United hält den Rekord für die meisten Premier League-Titel, mit 20 Meisterschaften.

Die meisten Tore in einem Kalenderjahr von einem Verein

Der FC Barcelona hält den Rekord für die meisten Tore, die ein Verein in einem Kalenderjahr erzielt hat. Sie erzielten 2012 insgesamt 180 Tore.

Die meisten aufeinanderfolgenden Siege in der Champions League

Der FC Bayern München stellte 2019/2020 einen neuen Rekord in der UEFA Champions League auf, indem sie 10 aufeinanderfolgende Spiele gewannen. Diese beeindruckende Siegesserie unterstreicht die Dominanz und das hohe Spielniveau des FC Bayern in dieser Saison.

Die meisten Tore in einer einzigen Premier League-Saison

Mohamed Salah hält den Rekord für die meisten Tore in einer 38-Spiele-Premier-League-Saison. In der Saison 2017/2018 erzielte er für Liverpool unglaubliche 32 Tore und demonstrierte damit seine herausragende Tor-gefährlichkeit.

Der schnellste Hattrick in der Premier League

Sadio Mané hält den Rekord für den schnellsten Hattrick in der Premier League. Er erzielte 2015 in nur 2 Minuten und 56 Sekunden drei Tore für Southampton, ein beeindruckendes Beispiel für seine Schnelligkeit und Abschlussstärke.

Die meisten Einsätze in der UEFA Champions League

Iker Casillas, der legendäre spanische Torwart, hält den Rekord für die
meisten Einsätze in der UEFA Champions League. Mit über 170 Spielen unterstreicht er seine Langlebigkeit und Konstanz auf höchstem Niveau.

Die längste Serie ohne Niederlage in der Serie A

AC Mailand hält den Rekord für die längste Serie ohne Niederlage in der
Serie A. Von 1991 bis 1993 blieb der Klub in 58 Spielen ungeschlagen, ein
Zeugnis ihrer Stärke und Beständigkeit in dieser Zeit.

Die meisten Tore in einem UEFA-Europapokal-Spiel

Radamel Falcao hält den Rekord für die meisten Tore in einem UEFA-Euro-
papokal-Spiel. 2011 erzielte er für den FC Porto fünf Tore in einem Europa
League-Spiel und demonstrierte damit seine außergewöhnliche Torgefährlichkeit.

Die meisten Tore in der Geschichte der Serie A

Silvio Piola hält den Rekord für die meisten Tore in der Geschichte der
italienischen Serie A. Mit insgesamt 274 Toren über seine gesamte Karriere
hinweg bleibt er einer der herausragenden Stürmer in der Geschichte des
italienischen Fußballs.

Die meisten Länderspiele eines Fußballspielers

Ahmed Hassan aus Ägypten hält den beeindruckenden Rekord für die
meisten Länderspiele. Mit 184 Einsätzen für die ägyptische Nationalmannschaft demonstriert er eine außergewöhnliche Langlebigkeit und Beständigkeit auf internationalem Niveau.

Die meisten Tore in der Geschichte der La Liga

Lionel Messi, der langjährige Superstar des FC Barcelona, hält den Rekord
für die meisten Tore in der Geschichte der spanischen La Liga. Mit über
450 Toren unterstreicht er seine Position als einer der besten Spieler in der
Geschichte des Fußballs.

Die längste Serie ohne Gegentor in der Premier League

Petr Čech, der ehemalige Torwart von Chelsea, hält den Rekord für die längste Serie ohne Gegentor in der Premier League. In der Saison 2004/2005 blieb er 1.025 Minuten ohne Gegentreffer, ein Zeugnis seiner herausragenden Fähigkeiten und Konstanz.

Die meisten Meisterschaften in der Bundesliga

Der FC Bayern München ist der Rekordmeister der Bundesliga mit über 30 Meistertiteln. Diese beeindruckende Zahl bestätigt die anhaltende Dominanz und Exzellenz des Klubs im deutschen Fußball.

Die meisten Siege in der Copa Libertadores

Independiente aus Argentinien hält den Rekord für die meisten Siege in der Copa Libertadores, dem prestigeträchtigsten südamerikanischen Klubwettbewerb, mit insgesamt sieben Titeln. Diese Erfolge spiegeln die Stärke und die Tradition des Vereins im südamerikanischen Klubfußball wider.

Die meisten Tore in einem einzelnen UEFA Champions League-Spiel

Lionel Messi, Luiz Adriano und Robert Lewandowski teilen sich den Rekord für die meisten Tore in einem einzelnen UEFA Champions League-Spiel. Jeder von ihnen erzielte in einem Spiel fünf Tore, eine Leistung, die ihre außergewöhnlichen Fähigkeiten als Torschützen unterstreicht.

Die schnellste Rote Karte in der Fußballgeschichte

Die schnellste Rote Karte in der Geschichte des Fußballs wurde in einem Amateur-Spiel in England nach nur 10 Sekunden vergeben. Dieser Vorfall ist ein extremes Beispiel für frühzeitiges Fehlverhalten auf dem Spielfeld.

Die meisten Tore eines Torhüters

Der brasilianische Torhüter Rogério Ceni hält den Weltrekord für die meisten Tore eines Torhüters. Er erzielte in seiner Karriere beeindruckende 131 Tore, hauptsächlich durch Freistöße und Elfmeter, was ihn zu einer ungewöhnlichen und bemerkenswerten Figur im Fußball macht.

Die meisten Tore in einer Saison von einem Verein

Manchester City stellte in der Premier League-Saison 2017/2018 einen neuen Rekord auf, indem sie insgesamt 106 Tore erzielten. Diese beeindruckende Torausbeute unterstreicht die offensive Stärke und den effektiven Spielstil, der unter der Leitung von Pep Guardiola implementiert wurde.

Die meisten Tore in einer Champions League-Saison

Bayern München etablierte in der UEFA Champions League-Saison 2019/2020 einen neuen Rekord, indem sie insgesamt 43 Tore erzielten. Diese herausragende Leistung unterstreicht die offensive Stärke und Effizienz des Teams in dieser Saison.

Die meisten Siege in Folge in der Premier League

Manchester City stellte in der Premier League-Saison 2020/2021 einen beeindruckenden Rekord auf, indem sie 21 aufeinanderfolgende Siege verbuchten. Diese Siegesserie zeugt von der außergewöhnlichen Qualität und Konsistenz des Teams unter der Leitung von Pep Guardiola.

Die meisten Tore von einem Spieler in einer Weltmeisterschaft

Just Fontaine, der französische Stürmer, hält den Rekord für die meisten Tore in einem einzelnen FIFA-Weltmeisterschaftsturnier. Bei der Weltmeisterschaft 1958 erzielte er unglaubliche 13 Tore, eine Leistung, die bis heute unübertroffen ist und seine außergewöhnliche Torgefährlichkeit in diesem Turnier widerspiegelt.

Die meisten Europapokalsiege eines Trainers

Carlo Ancelotti und Zinédine Zidane teilen sich den Rekord für die meisten Siege in der UEFA Champions League als Trainer. Jeder von ihnen gewann den prestigeträchtigen Titel dreimal, was ihre herausragenden Fähigkeiten und Erfolge als Trainer auf höchstem europäischen Niveau demonstriert.

Die meisten Tore in der Frauenfußball-Weltmeisterschaft

Marta, die brasilianische Fußballlegende, hält den Rekord für die meisten Tore in der Geschichte der Frauenfußball-Weltmeisterschaft mit insgesamt 17 Toren. Ihre beeindruckende Torausbeute unterstreicht ihre Stellung als eine der besten Spielerinnen in der Geschichte des Frauenfußballs.

Die meisten Tore in der Europa League

Henrik Larsson, der schwedische Stürmer, hält den Rekord für die meisten Tore in der UEFA Europa League (inklusive UEFA-Pokal) mit 40 Toren. Seine Torgefährlichkeit und Konsistenz in diesem Wettbewerb machen ihn zu einer Ikone des europäischen Klubfußballs.

Die meisten Spiele in der Premier League

Gareth Barry hält den Rekord für die meisten Spiele in der Premier League. Mit 653 Einsätzen demonstriert er eine beeindruckende Langlebigkeit und Beständigkeit auf höchstem Niveau des englischen Fußballs.

Die meisten nationalen Meisterschaften

Die Glasgow Rangers aus Schottland halten den beeindruckenden Rekord für die meisten nationalen Meisterschaften. Sie gewannen die schottische Liga 55 Mal, was ihre anhaltende Dominanz und Tradition im schottischen Fußball widerspiegelt.

Die meisten Tore in einer Länderspielkarriere

Ali Daei, der ehemalige iranische Stürmer, hält den Weltrekord für die meisten Tore in einer Länderspielkarriere. Mit 109 Toren für die iranische Nationalmannschaft hat er sich einen Platz in der Geschichte des internationalen Fußballs gesichert.

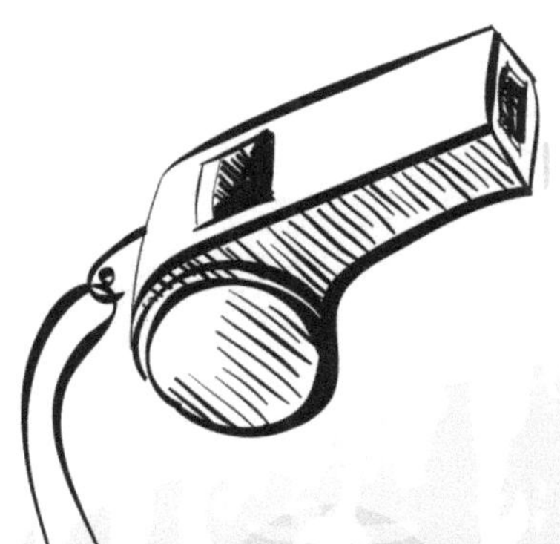

QUIZ

Willkommen zu unserem spannenden Rekorde-Quiz, in dem wir dein Wissen über die Welt des Fußballs auf die Probe stellen! Fußball ist nicht nur ein Spiel der Leidenschaft und der Emotionen, sondern auch ein Sport, in dem Geschichte geschrieben und Rekorde gebrochen werden. Von legendären Torschützen und unvergesslichen Spielen bis hin zu beeindruckenden Mannschaftsleistungen und persönlichen Erfolgen – die Fußballwelt ist reich an faszinierenden Statistiken und Geschichten. In diesem Quiz dreht sich alles um bemerkenswerte Rekorde und historische Momente im Fußball. Bist du ein wahrer Fußballstatistik-Experte? Teste dein Wissen und tauche ein in die Welt der Fußballrekorde!

Wer hält den Rekord für die meisten Tore in der Geschichte der Fußball-Weltmeisterschaften?

A Cristiano Ronaldo ☐

B Lionel Messi ☐

C Miroslav Klose ☐

D Pelé ☐

Für welchen Verein erzielte Lionel Messi die meisten Tore in einem Kalenderjahr?

A Real Madrid ☐

B FC Barcelona ☐

C Manchester City ☐

D Paris Saint-Germain ☐

Wie viele Ballon d'Or Gewinne hat Lionel Messi?

A Vier ☐

B Fünf ☐

C Sechs ☐

D Sieben ☐

Wer ist der älteste professionelle Fußballspieler?

A Kazuyoshi Miura ☐

B Stanley Matthews ☐

C Ezzeldin Bahader ☐

D Roger Milla ☐

Welcher Verein gewann zwischen 2012 und 2020 acht aufeinanderfolgende walisische Ligatitel?

A Swansea City ☐

B Cardiff City ☐

C The New Saints ☐

D Wrexham AFC ☐

WAHR oder FALSCH

Miroslav Klose erzielte 16 Tore in FIFA-Weltmeisterschaften.

A Wahr ☐

B Falsch ☐

Lionel Messi hat den Ballon d'Or achtmal gewonnen.

A Wahr ☐

B Falsch ☐

Real Madrid hat 13 UEFA Champions League-Titel gewonnen.

A Wahr ☐

B Falsch ☐

Gerd Müller erzielte in einer Bundesliga-Saison 50 Tore.

A Wahr ☐

B Falsch ☐

Manchester United erzielte 1995 gegen Ipswich Town neun Tore in einem Premier League-Spiel.

A Wahr ☐

B Falsch ☐

Fragen beantworten

1. Der schnellste Hattrick in der Premier League wurde von

______________________________ **in nur 2 Minuten und**

56 Sekunden erzielt.

2. Die deutsche Fußballnationalmannschaft hat über ______ Spiele in der Geschichte der Fußball-Weltmeisterschaften gespielt.

3. Norman Whiteside ist der jüngste Spieler, der jemals in einer Fußball-Weltmeisterschaft gespielt hat. Bei seiner Teilnahme war er nur _______ alt.

4. Cristiano Ronaldo hält den Rekord für die meisten Tore in der UEFA Champions League mit über _______ Toren.

5. Der brasilianische Torhüter Márcio Victor blieb zwischen 1977 und 1978 insgesamt _______ Minuten ohne Gegentor.

Lachen am Spielfeldrand: Kuriositäten und Anekdoten

Im Kapitel „Lachen am Spielfeldrand: Kuriositäten und Anekdoten" geht's um die richtig lustigen Sachen im Fußball. Hier sammeln wir die witzigsten und verrücktesten Geschichten, die du dir vorstellen kannst. Du erfährst von lustigen Momenten, wie wenn ein Spieler bei einem wichtigen Elfmeter ausrutscht und der Ball ganz woanders landet. Oder wie wäre es mit Fans, die in lustigen Kostümen im Stadion für Lacher sorgen?

Wir zeigen dir, dass Fußball nicht nur ein Spiel ist, sondern auch jede Menge Spaß bringen kann. Hier gibt's Geschichten von Spielern, die auf dem Platz für lustige Momente sorgen, und von den coolsten und verrücktesten Sachen, die je passiert sind – auf dem Rasen und daneben. Auch Tiere haben ihren Platz in diesem Kapitel – wie ein Hund, der plötzlich auf dem Spielfeld auftaucht und den Ball jagt, oder eine Katze, die mitten im Spiel über das Feld läuft.

Also, freu dich auf ein Kapitel voller Spaß und verrückter Fußballgeschichten, die dich garantiert zum Lachen bringen werden!

Der schnellste Rote Karte in einem Länderspiel

Die schnellste Rote Karte in einem Länderspiel wurde 1986 an José Batista aus Uruguay vergeben, nur 56 Sekunden nach Spielbeginn. Dieser Vorfall ereignete sich während der Fußball-Weltmeisterschaft und ist ein ungewöhnlicher Rekord im internationalen Fußball.

Ein Spiel auf zwei verschiedenen Tagen

In einem kuriosen Qualifikationsspiel zur Weltmeisterschaft 1993 zwischen Barbados und Grenada kam es zu einer außergewöhnlichen Situation. Aufgrund einer speziellen Regel erzielte Barbados absichtlich ein Eigentor, um das Spiel in die Verlängerung zu bringen und so die notwendigen zwei Tore Vorsprung zu erreichen – ein Beispiel für die unvorhersehbaren Wendungen im Fußball.

Der Hund, der einen FA Cup verhinderte

1967 sorgte ein Hund namens Pickles für Aufsehen, als er während des Spiels um den FA Cup auf das Spielfeld lief. Dieser Vorfall bleibt eine der skurrilsten Unterbrechungen in der Geschichte des englischen Fußballs.

Der Spieler, der sich selbst die Gelbe Karte zeigte

Der kolumbianische Schiedsrichter Gilberto Aristizábal zeigte in einem Spiel 1982 eine ungewöhnliche Geste, indem er sich selbst eine Gelbe Karte zeigte, nachdem er versehentlich einen Spieler getreten hatte.

Das längste Elfmeterschießen

Das längste Elfmeterschießen im Profifußball fand 2005 in Namibia statt, mit insgesamt 48 Elfmeter. KK Palace besiegte Civics mit 17:16 in diesem rekord-verdächtigen Elfmeterschießen.

Der Torwart, der ein Tor von seinem eigenen Strafraum erzielte

2011 gelang dem Stoke City-Torwart Asmir Begovi das seltene Kunststück, ein Tor gegen Southampton zu erzielen, indem er den Ball aus seinem eigenen Strafraum schoss.

Ein Spiel mit nur sieben Sekunden

In einem außergewöhnlichen Vorfall in England wurde ein Fußballspiel im Jahr 2000 nach nur sieben Sekunden abgebrochen, nachdem die einzige Tribüne eingestürzt war.

Der Verein, der versehentlich den falschen Spieler kaufte

1996 kaufte der englische Verein Southampton einen Spieler namens Ali Dia, der fälschlicherweise behauptete, der Cousin von George Weah zu sein. Diese Verpflichtung stellt einen der kuriosesten Transferfehler in der Fußball-geschichte dar.

Ein Spiel, das von einem Fallschirmspringer unterbrochen wurde

Ein Spiel der englischen Vierten Liga wurde 2013 unerwartet unterbrochen, als ein Fallschirmspringer mitten auf dem Spielfeld landete, ein seltenes Ereignis, das für Verwirrung und Unterhaltung sorgte.

Der Torjubel, der zu einem Tor führte

2012 führte der ausgelassene Torjubel eines Torwarts in einer unteren englischen Liga dazu, dass der Ball vom Wind zurück ins Tor geweht wurde. Dieser ungewöhnliche Vorfall zeigt, wie unvorhersehbar Fußball manchmal sein kann.

Die Partie, die niemals endete

In einem bizarren Spiel in der Demokratischen Republik Kongo 1946 endete die Partie nach dem 149. Eigentor. Beide Teams versuchten, sich selbst zu besiegen, um politische Repressalien zu vermeiden, ein Beispiel für die komplexen und manchmal politisch aufgeladenen Umstände im Fußball.

Der Spieler, der einen Elfmeter absichtlich verschoss

1976 führte der niederländische Spieler Johan Cruyff eine ungewöhnliche Elfmeteraktion durch, indem er den Ball sanft zu einem Teamkollegen spielte, anstatt direkt aufs Tor zu schießen. Dieser kreative und überraschende Zug ist ein Beispiel für Cruyffs Genialität und Innovationsgeist auf dem Spielfeld.

Ein Spiel, das durch einen Polizeihund entschieden wurde

In einem bemerkenswerten Vorfall im schottischen Cup 1989 biss ein Polizeihund den Spieler Jim McInally von Dundee United, was zu einer Unterbrechung führte und letztlich das Spiel beeinflusste. Dieses ungewöhnliche Ereignis trug zum entscheidenden Tor im Spiel gegen Celtic bei und bleibt in Erinnerung als eine der kuriosesten Unterbrechungen in der Fußballgeschichte.

Ein Torwart, der während eines Spiels eine Zigarette rauchte

Lev Yashin, der legendäre russische Torwart, bekannt als „Der schwarze Panther", war berühmt für seine einzigartigen Gewohnheiten auf dem Spielfeld, einschließlich des gelegentlichen Rauchens einer Zigarette während des Spiels. Dies trug zu seinem Image als charismatischer und unkonventioneller Spieler bei.

Ein Spiel mit zwei Bällen auf dem Feld

In einem ungewöhnlichen Vorfall während eines Spiels zwischen Sheffield United und Arsenal im Jahr 1927 endeten beide Teams kurzzeitig damit, mit zwei Bällen gleichzeitig zu spielen. Dies geschah, nachdem der ursprüngliche Ball ins Tor getreten wurde und ein zweiter Ball auf das Spielfeld geworfen wurde.

Der Spieler, der sich selbst auswechselte

Hugo Sánchez, in seiner Doppelrolle als Trainer und Spieler bei Atlético Madrid, sorgte in den 1990er Jahren für Aufsehen, als er sich während eines Spiels selbst auswechselte. Diese ungewöhnliche Entscheidung ist ein seltenes Beispiel für die Herausforderungen, die sich ergeben, wenn man gleichzeitig Spieler und Trainer ist.

Die Katze, die ein Premier League-Spiel unterbrach

Ein Premier League-Spiel zwischen Liverpool und Tottenham Hotspur im Jahr 2012 wurde kurzzeitig unterbrochen, als eine Katze auf das Spielfeld lief. Die Katze stolzierte einige Minuten umher, bevor sie das Spielfeld wieder verließ, und sorgte für einen unterhaltsamen Moment in einem sonst ernsten Spiel.

Das Spiel mit dem meisten Schnee

Ein Spiel in der Schweizer Liga im Jahr 2010 wurde unter fast unspielbaren Bedingungen im dichten Schneefall ausgetragen. Die Spieler mussten sich durch Schnee kämpfen, und die Linien auf dem Spielfeld waren kaum zu sehen, was das Spiel zu einer einzigartigen Herausforderung machte.

Ein Spieler, der mit einem Flitzer zusammenspielte
Während eines Spiels im Jahr 1974 spielte George Best, der legendäre nord-
irische Spieler, kurzzeitig den Ball mit einem Flitzer, bevor dieser vom Sicher-
heitspersonal gefangen wurde. Dieser Vorfall zeigte Bests spielerische Natur
und seine Fähigkeit, selbst in unerwarteten Situationen einen kühlen Kopf zu
bewahren.

Die Mannschaft, die sich in die falsche Stadt begab
In einem kuriosen Vorfall reiste ein albanischer Fußballverein 1991 versehentlich nach Reykjavik in Island, statt nach Rijeka in Kroatien für ein
Europapokalspiel. Diese Verwechslung der Destinationen führte zu einer
ungewöhnlichen und sicherlich unvergesslichen Episode in der Geschichte
des Vereinsfußballs.

Der Stürmer, der während eines Spiels ein Sandwich aß
Gary Lineker, der berühmte englische Stürmer, sorgte 1995 für einen denkwürdigen Moment, als er während eines Spiels in der Premier League ein
Sandwich aß, das ein Fan auf das Spielfeld geworfen hatte. Diese Szene
bleibt ein humorvoller und ungewöhnlicher Moment in Linekers Karriere.

Der Torjubel mit einer Maske
Cuauhtémoc Blanco, der mexikanische Stürmer, war bekannt für seine einzigartigen Torjubel. Einer seiner markantesten Feiern war das Überziehen
einer Wrestling-Maske, die er unter seiner Spielkleidung verborgen hielt, was
seinen Toren eine theatralische Note verlieh.

Ein Spiel, das durch einen verlorenen Schuh entschieden wurde
In einem Spiel in der Türkei führte ein ungewöhnlicher Vorfall zum Tor-
erfolg: Ein Spieler schoss den Schuh eines Gegners, den er versehentlich
aufgehoben hatte, ins Tor. Überraschenderweise wurde dieses Tor als gültig
gewertet, was zu einem der ungewöhnlichsten Tore in der Fußballgeschichte
führte.

Der Balljunge, der ein Tor verhinderte

In einem Spiel in Bolivien 1999 verhinderte ein Balljunge ein sicher geglaubtes Tor, indem er neben dem Pfosten stand und den Ball wegkickte. Diese Aktion, obwohl unerlaubt, zeigte die unerwarteten und manchmal chaotischen Momente, die im Fußball vorkommen können.

Das Spiel mit dem längsten Elfmeterschießen

Das längste Elfmeterschießen in einem offiziellen Spiel ereignete sich 2005 in Namibia. Insgesamt wurden 48 Elfmeter geschossen, bevor schließlich ein Sieger feststand, was dieses Spiel zu einem rekordverdächtigen und denkwürdigen Ereignis machte.

Der Spieler, der Gelb für Schnurrbart-Ziehen bekam

In einem seltenen Fall in der deutschen Bundesliga erhielt ein Spieler eine Gelbe Karte, weil er während des Spiels an seinem Schnurrbart zog. Dieser Vorfall, vom Schiedsrichter als unsportliches Verhalten interpretiert, gehört zu den ungewöhnlichsten Gründen für eine Verwarnung im Fußball.

Das Spiel, das wegen einer Sonnenfinsternis unterbrochen wurde

Ein Spiel in der Türkei wurde 2006 kurzzeitig unterbrochen, als eine Sonnenfinsternis das Spielfeld verdunkelte. Diese natürliche Erscheinung sorgte für eine seltene und unerwartete Unterbrechung des Spiels.

Der Spieler, der eine rote Karte für ein Foul an einem Teamkollegen erhielt

In einem ungewöhnlichen Vorfall in der englischen Liga wurde ein Spieler des Feldes verwiesen, nachdem er versehentlich einen eigenen Teamkollegen gefoult hatte. Dieses Missverständnis führte zu einer der seltensten Szenarien auf dem Fußballfeld, bei dem ein Spieler für ein Foul an einem Mitglied seines eigenen Teams bestraft wurde.

Der Trainer, der sich als Spieler verkleidete

In einem kreativen Versuch, eine Sperre zu umgehen, verkleidete sich ein Trainer in einem unterklassigen Spiel in Italien als Spieler. Diese ungewöhnliche Taktik, um am Spiel teilzunehmen, zeigt die Längen, zu denen einige im Fußball gehen, um Regeln zu umgehen oder zu biegen.

Das Tor, das durch einen Schiedsrichter erzielt wurde

In einem kuriosen Ereignis in einem Spiel in den Niederlanden prallte der Ball vom Schiedsrichter ins Tor. Überraschenderweise wurde dieses Tor als gültig gewertet, was zu einem der ungewöhnlichsten Tore in der Fußballgeschichte führte.

Das Spiel, das mit der meisten Anzahl an Spielern endete

Ein Spiel in Madagaskar endete in einem Chaos, als beide Teams gegen die Regeln verstießen und unerlaubterweise Ersatzspieler einwechselten. Das Spiel endete mit mehr Spielern auf dem Feld, als es begonnen hatte, was zu einem der unkonventionellsten Enden eines Fußballspiels führte.

Der Spieler, der eine Gelbe Karte für sein Torjubel-Tänzchen bekam

Roger Milla, der kamerunische Spieler, wurde während der WM 1990 für seine charakteristischen Tanzbewegungen an der Eckfahne bekannt. Bei einem Spiel erhielt er dafür sogar eine Gelbe Karte, was seinen Torjubel zu einem der denkwürdigsten Momente des Turniers machte.

Der Torwart, der einen Elfmeter mit dem Gesicht hielt

In einem Spiel in Brasilien erlebte ein Torwart einen ungewöhnlichen Moment, als er einen Elfmeter versehentlich mit dem Gesicht hielt. Dieser Vorfall sorgte sowohl für Erstaunen als auch Belustigung unter den Zuschauern.

Das Spiel, das wegen zu vieler roter Karten abgebrochen wurde

Ein Spiel in Paraguay musste abgebrochen werden, nachdem fünf Spieler der gleichen Mannschaft die Rote Karte erhielten. Dies führte dazu, dass nicht genug Spieler auf dem Feld waren, um das Spiel fortzusetzen, ein seltenes Ereignis im Profifußball.

Der Spieler, der sein eigenes Eigentor bejubelte

In einem kuriosen Moment in der englischen Liga jubelte ein Spieler einmal über sein eigenes Eigentor, da er irrtümlich dachte, er hätte für seine Mannschaft getroffen. Diese Verwechslung führte zu einem der skurrilsten und humorvollsten Momente auf dem Spielfeld, als der Spieler seinen Fehler erkannte.

Das Spiel, das wegen eines Hubschrauberlandeplatzes unterbrochen wurde

In einem Spiel in Russland kam es zu einer ungewöhnlichen Unterbrechung, als ein Hubschrauber auf dem Spielfeld landen musste, um einen verletzten Spieler abzutransportieren. Dieser Vorfall zeigt, dass unvorhersehbare Ereignisse jederzeit in einem Fußballspiel eintreten können.

Der Schiedsrichter, der ein Tor schoss

In einem seltenen Ereignis in einem Spiel in den Niederlanden prallte der Ball vom Schiedsrichter ins Tor, und das Tor wurde tatsächlich gewertet. Dieser Vorfall bleibt eine der ungewöhnlichsten Situationen im Fußball, in denen der Schiedsrichter unmittelbar ins Spielgeschehen eingriff.

Der Spieler, der sich beim Torjubel verletzte

In England verletzte sich ein Spieler bei einem Torjubel, als er über eine Werbebande sprang und auf der anderen Seite unsanft landete. Dieser Vorfall zeigt, dass auch die Freude über ein Tor seine Risiken birgt.

Der Torwart, der einen Vogel traf

In einem Spiel in England traf ein Torwart versehentlich einen Vogel mit seinem Abschlag, was zu einer Unterbrechung des Spiels führte. Dieser Vorfall ist ein trauriges Beispiel dafür, wie die Tierwelt manchmal unerwartet in den Fußball eingreift.

Das Spiel, das wegen eines Hundes auf dem Spielfeld gestoppt wurde

Ein Spiel in Argentinien wurde unterbrochen, als ein Hund auf das Spielfeld lief und begann, mit dem Ball zu spielen. Die Spieler mussten das Spiel unterbrechen, um den Hund einzufangen, was zu einer amüsanten Szene führte.

Der Spieler, der wegen eines Hühnerkostüms vom Platz flog

In der englischen Liga wurde ein Spieler des Feldes verwiesen, nachdem er als Teil seines Torjubels ein Hühnerkostüm angezogen hatte, das ihm ein Fan zugeworfen hatte. Dieser ungewöhnliche Torjubel führte zu einer der skurrilsten Roten Karten im Fußball.

Ein Spiel, das wegen eines Flugzeugs auf dem Spielfeld abgebrochen wurde

In einem brasilianischen Spiel musste das Spiel unterbrochen werden, als ein kleines Flugzeug eine Notlandung machte und auf dem Spielfeld zum Stehen kam. Dieser Vorfall zeigt, dass manchmal auch außergewöhnliche Ereignisse außerhalb des Fußballs Einfluss auf das Spielgeschehen nehmen können.

Der Schiedsrichter, der einen Elfmeter verschoss

In einem bemerkenswerten Vorfall in einem Spiel in der Türkei versuchte der Schiedsrichter, einen Elfmeter zu schießen, nachdem er eine Wette mit den Spielern eingegangen war. Er verschoss jedoch, was zu einem unvergesslichen und humorvollen Moment im Spiel führte.

Ein Spiel, das in einem Torfestival endete

In einem denkwürdigen Spiel in Madagaskar endete das Spiel mit dem unglaublichen Ergebnis von 149:0, wobei jedes Tor ein Eigentor war. Dies geschah als Protest gegen eine Entscheidung des Fußballverbands und bleibt eines der bizarrsten Spiele in der Fußballgeschichte.

Der Spieler, der einen Eckball verpasste

In einem Spiel in England sorgte ein Spieler für Gelächter, als er den Eckball verfehlte, stattdessen in die Luft trat und hinfiel. Dieser komische Moment bleibt ein Beispiel dafür, dass auch Profispieler manchmal peinliche Momente auf dem Spielfeld erleben.

Das Spiel, das mit mehr Schiedsrichtern als Spielern endete

In einem unterklassigen Spiel in Italien wurden so viele Spieler des Feldes verwiesen, dass am Ende mehr Schiedsrichter als Spieler auf dem Feld waren. Dieses ungewöhnliche Ereignis zeigt, wie ein Spiel manchmal außer Kontrolle geraten kann.

Der Torwart, der einen Elfmeter mit dem Rücken hielt

In einem Spiel in Frankreich sorgte ein Torwart für Erstaunen, als er einen Elfmeter versehentlich mit dem Rücken hielt, während er sich wegdrehte. Dieser ungewöhnliche Vorfall wurde zu einem viralen Hit und zeigt, dass im Fußball manchmal auch Glück eine Rolle spielt.

Der Spieler, der seinen Schuh als Hand benutzte

In einem Spiel in Südamerika führte ein Spieler eine ungewöhnliche Aktion durch, indem er seinen Schuh verwendete, um den Ball zu stoppen, nachdem dieser ihm vom Fuß gefallen war. Diese Aktion führte zu seiner sofortigen Roten Karte und bleibt ein kurioses Beispiel für kreative, aber regelwidrige Spielmomente.

Das Spiel, das wegen eines Bienenschwarms abgebrochen wurde

In Südafrika kam es zu einer ungewöhnlichen Unterbrechung eines Fußball-spiels, als ein Bienenschwarm das Spielfeld übernahm. Spieler und Zuschauer mussten in Deckung gehen, um sich vor den Bienen zu schützen. Dieser Vorfall zeigt, dass manchmal die Natur in unvorhersehbarer Weise Einfluss auf Sportveranstaltungen nehmen kann und die Sicherheit der Beteiligten oberste Priorität hat.

Der Spieler, der ein Tor mit der Zunge feierte

In der spanischen Liga sorgte ein Spieler für Erheiterung, als er sein Tor auf eine sehr unkonventionelle Weise feierte: Er leckte seine Zunge an die Eckfahne. Dieser außergewöhnliche und humorvolle Torjubel blieb den Zuschauern und Fans sicherlich als einer der skurrilsten Momente in Erinne-rung. Solche ungewöhnlichen Feierlichkeiten tragen zur Unterhaltung und Einzigartigkeit des Spiels bei.

QUIZ

In diesem Kapitel tauchen wir in die skurrilen, bizarren und oft humorvollen Momente ein, die den Fußball weit über das gewöhnliche Spielgeschehen hinaus bereichern. Von schnellen roten Karten und ungewöhnlichen Elfmeterschießens bis hin zu Spielen, die durch tierische Eindringlinge unterbrochen werden – der Fußball ist voller überraschender Wendungen und amüsanter Anekdoten. Dieses Quiz lädt Dich ein, Dein Wissen über die verrückte und manchmal chaotische Seite des Fußballs zu testen. Bist Du bereit, die Herausforderung anzunehmen und zu zeigen, wie gut Du Dich mit den ungewöhnlichsten Geschichten aus der Welt des Fußballs auskennst? Mach Dich bereit für eine Reise durch die kuriosesten Momente, die der Sport zu bieten hat!

Multiple-Choice-Quiz

Wer erhielt die schnellste Rote Karte in einem Länderspiel?

A Zinedine Zidane ☐

B José Batista ☐

C David Beckham ☐

D Luis Suárez ☐

Was geschah im Qualifikationsspiel zur WM 1993 zwischen Barbados und Grenada?

A Ein Spieler erzielte ein Tor mit der Hand ☐

B Barbados erzielte absichtlich ein Eigentor ☐

C Das Spiel wurde wegen eines Stromausfalls abgebrochen ☐

D Ein Spieler spielte in beiden Teams ☐

Was machte der Hund Pickles im FA Cup-Spiel 1967?

A Er fing den Ball ☐

B Er lief mit dem Ball davon ☐

C Er biss einen Spieler ☐

D Er stoppte ein Tor ☐

Wer zeigte sich selbst eine Gelbe Karte?

A Ein Spieler ☐

B Ein Trainer ☐

C Ein Schiedsrichter ☐

D Ein Fan ☐

Was passierte im längsten Elfmeterschießen im Profifußball?

A Es wurden über 50 Elfmeter geschossen ☐

B Ein Torwart erzielte den entscheidenden Elfmeter ☐

C Alle Spieler, inklusive der Torhüter, schossen Elfmeter ☐

D Ein Feldspieler hielt zwei Elfmeter ☐

WAHR oder FALSCH

Asmir Begović, der Torwart von Stoke City, erzielte ein Tor von seinem eigenen Strafraum aus.

A Wahr ☐

B Falsch ☐

Ein Fußballspiel wurde 2000 in England nach nur sieben Sekunden abgebrochen, weil die einzige Tribüne eingestürzt war.

A Wahr ☐

B Falsch ☐

Southampton kaufte 1996 einen Spieler namens Ali Dia, der fälschlicherweise behauptete, der Cousin von George Weah zu sein.

A Wahr ☐

B Falsch ☐

Ein Fallschirmspringer landete 2013 während eines Spiels der englischen Vierten Liga auf dem Spielfeld.

A Wahr ☐

B Falsch ☐

Ein Torwart in einer unteren englischen Liga erzielte ein Tor, als der Wind den Ball ins Tor wehte, während er seinen Torjubel ausführte.

A Wahr ☐

B Falsch ☐

Fragen beantworten

1. Das längste Elfmeterschießen im Profifußball fand 2005 in ______________________ statt.

2. Im Jahr 1989 beeinflusste ein Polizeihund das schottische Cup-Spiel zwischen ______________ und Celtic, indem er einen Spieler biss.

3. Lev Yashin, bekannt als „Der schwarze Panther", war berühmt dafür, während des Spiels ___________________ zu rauchen.

4. In einem Spiel zwischen Sheffield United und Arsenal im Jahr 1927 spielten beide Teams kurzzeitig mit __________ Bällen gleichzeitig.

5. Hugo Sánchez, in seiner Doppelrolle als Trainer und Spieler, sorgte für Aufsehen, als er sich während eines Spiels selbst ____________________________.

Fußball trifft Kultur: Das Spiel, das die Welt inspiriert

In „Fußball trifft Kultur: Das Spiel, das die Welt inspiriert", tauchen wir in die faszinierende Welt ein, in der Fußball und Kultur sich treffen. Fußball ist viel mehr als nur ein Sport – er ist ein globales Phänomen, das unsere Kultur in vielerlei Hinsicht beeinflusst und prägt. In diesem Kapitel erforschen wir, wie Fußball in der Musik, im Film, in der Literatur und in anderen künstlerischen Ausdrucksformen seinen Platz gefunden hat. Wir entdecken, wie berühmte Musiker und Bands Fußball in ihren Songs und Videos verewigt haben und wie Fußballfilme und -dokumentationen uns tiefe Einblicke in die Herzen und Seelen des Spiels geben.

Wir beleuchten auch, wie Fußball in Büchern und Kunstwerken als Metapher für größere Lebensfragen und gesellschaftliche Themen genutzt wird. Fußball spiegelt unsere Welt wider – er zeigt die Leidenschaften, Kämpfe und Triumphe des menschlichen Lebens. Wir sehen, wie Fußball in verschiedenen Kulturen gefeiert wird, von den lebhaften Fußballfesten in Südamerika bis hin zu den traditionsreichen Klubs in Europa, und wie er Gemeinschaften zusammenbringt und eine gemeinsame Sprache für Menschen aus aller Welt schafft.

In diesem Kapitel wird deutlich, dass Fußball nicht nur auf dem Spielfeld stattfindet, sondern auch in unserer täglichen Kultur eine bedeutende Rolle spielt. Er ist eine Quelle der Inspiration und des Ausdrucks für Künstler, Schriftsteller und Fans gleichermaßen. „Fußball trifft Kultur" ist eine Entdeckungsreise, die zeigt, wie das Spiel die Welt beeinflusst und bereichert und warum es für so viele Menschen eine tiefe Bedeutung hat.

Die erste Live-Übertragung eines Fußballspiels

Stell dir vor, es ist 1937, und zum ersten Mal wird ein Fußballspiel live im Fernsehen übertragen. Das Spiel zwischen Arsenal und deren Reserveteam in London markierte den Beginn einer neuen Ära, in der Fußballfans Spiele bequem von zu Hause aus verfolgen konnten. Dies war ein Meilenstein in der Geschichte des Fußballs und des Fernsehens, der die Art und Weise, wie wir Fußball konsumieren, für immer veränderte.

Fußball im Film: "Escape to Victory"

„Escape to Victory", ein Film von 1981, kombinierte die Welt des Kinos und des Fußballs. Mit Stars wie Sylvester Stallone und Michael Caine sowie Fußballlegenden wie Pelé und Bobby Moore erzählt der Film eine faszinierende Geschichte über ein Fußballspiel während des Zweiten Weltkriegs. Diese einzigartige Verbindung von Sport und Film schuf ein unvergessliches Erlebnis, das sowohl Fußballfans als auch Kinogänger begeisterte.

Die „Three Lions" - Englands Fußballhymne

1996 entstand mit „Three Lions" eine Hymne, die eng mit der englischen Nationalmannschaft verbunden ist. Der Song, kreiert von Baddiel, Skinner & The Lightning Seeds, fängt die Hoffnungen und Träume englischer Fans ein, besonders während der Euro ,96. Er wurde zu einem Symbol des englischen Fußballs und hallt in den Stadien bis heute nach.

Die Ursprünge des FIFA-Videospiels

1993 begann eine Ära, die das Verständnis von Fußball in der virtuellen Welt definierte. „FIFA International Soccer", das erste Spiel der FIFA-Videospielreihe, bot Fans eine neue Art, Fußball zu erleben und wurde zu einer der erfolgreichsten Sportvideospielserien der Welt.

Die Weltmeisterschaft als globales Kulturereignis

Die FIFA-Weltmeisterschaft ist mehr als nur ein Sportereignis. Sie ist ein globales Kulturphänomen, das Milliarden von Menschen weltweit anzieht. Diese Veranstaltung vereint Sport, Unterhaltung und nationale Identität und ist ein Schaufenster für kulturelle Vielfalt und Einheit.

Fußball und seine Rolle in der Mode

Fußball hat auch die Modewelt beeinflusst. Designer und Marken lassen sich von Trikots und der Fankultur inspirieren, was zu trendigen und manchmal ikonischen Modekollektionen führt, die sowohl auf dem Spielfeld als auch auf den Straßen beliebt sind.

Das Theaterstück "The Beautiful Game"

Im Jahr 2000 präsentierte Andrew Lloyd Webber das Musical „The Beautiful Game", das die Geschichte Nordirlands durch die Linse des Fußballs erzählt. Das Stück verbindet die Leidenschaft für den Sport mit den sozialen und politischen Herausforderungen der Region.

Fußball in der bildenden Kunst

Fußball hat auch in der bildenden Kunst seinen Platz gefunden. Berühmte Künstler wie Andy Warhol haben Werke geschaffen, die sich auf Fußball beziehen, wie zum Beispiel Porträts von Fußballikone Pelé.

Die Rolle des Fußballs in der Literatur

Fußball hat auch in der Welt der Literatur seinen festen Platz. Bücher wie Nick Hornbys „Fever Pitch" bieten einen tiefen und persönlichen Einblick in die Welt des Fußballs. Hornbys Buch beschreibt seine lebenslange Obsession mit Arsenal und zeigt, wie eng Fußball mit persönlichen Erfahrungen und Emotionen verknüpft sein kann. Solche Werke bieten eine andere Perspektive auf den Sport und beleuchten die tiefgreifende Wirkung, die Fußball auf das Leben der Menschen haben kann.

Fußball und seine Wirkung auf die Musik

Fußball hat einen großen Einfluss auf die Musikwelt ausgeübt. Vereinshymnen und WM-Lieder wie Ricky Martins „La Copa de la Vida" für die WM 1998 sind zu internationalen Hits geworden und verstärken die Verbindung zwischen Musik und Fußball.

Der erste Fußballfilm

1939 kam „The Arsenal Stadium Mystery" heraus, der erste Film, der sich ausschließlich dem Fußball widmete. Diese Krimikomödie, die im Arsenal-Stadion spielt, verknüpfte die Welt des Fußballs mit der des Kinos auf eine einzigartige Weise.

Fußball in der Street Art

Fußball hat sich auch in der Street Art einen Namen gemacht. Wandmalereien und Graffitis, die Spieler und Teams darstellen, schmücken Städte weltweit und zeigen die kulturelle Bedeutung des Sports.

"Zidane: A 21st Century Portrait"

Der Film „Zidane: A 21st Century Portrait" aus dem Jahr 2006 ist eine avantgardistische Dokumentation, die den berühmten französischen Fußballer Zinédine Zidane während eines Spiels begleitet und einen einzigartigen Einblick in sein Spiel bietet.

Fußball in der Poesie

Fußball hat seinen Weg auch in die Poesie gefunden. Eduardo Galeano zum Beispiel beschreibt in „El fútbol a sol y sombra" die Schönheit und den Schmerz des Fußballs.

Die Rolle des Fußballs in Comics

In Comics ist Fußball ein beliebtes Thema. Die britische Serie „Roy of the Rovers" erzählt zum Beispiel die Abenteuer eines fiktiven Fußballspielers und verbindet damit Sport und Unterhaltung.

Fußball-Songs bei Weltmeisterschaften

Offizielle Songs von Fußball-Weltmeisterschaften wie Shakiras „Waka Waka" für die WM 2010 werden oft zu weltweiten Hits und verstärken die festliche Atmosphäre des Turniers.

Fußball in der Werbung

Fußballstars sind beliebte Figuren in der Werbebranche. Spieler wie Lionel Messi und Cristiano Ronaldo erscheinen in Kampagnen, die weit über den Sportbereich hinausgehen und ihre globale Anziehungskraft demonstrieren.

Die globale Kultur der Fußballcafés

Fußballcafés sind weltweit verbreitet. Sie bieten Fans einen sozialen Treffpunkt, um gemeinsam Spiele zu schauen und ihre Leidenschaft für den Sport zu teilen.

Die Inspiration des Fußballs in der Architektur

Einige Fußballstadien sind wahre architektonische Meisterwerke. Stadien wie das Camp Nou in Barcelona oder das Maracanã in Rio sind beeindruckende Beispiele für Architektur, die durch den Fußball inspiriert wurden. Sie sind nicht nur Orte für Spiele, sondern auch Wahrzeichen und Stolz ihrer Städte.

Fußball in Videospielen

Fußball-Videospiele wie die FIFA- und Pro Evolution Soccer-Reihen haben eine riesige Fangemeinde. Sie beeinflussen, wie junge Fans das Spiel erleben und verstehen, und bringen die Aufregung des Fußballs in digitale Welten.

Die Bedeutung von Fußball-Dokumentationen

Dokumentationen über Fußball bieten tiefe Einblicke in das Leben von Fußballlegenden und die Geschichten hinter den Kulissen. Filme wie „Senna" enthüllen die menschlichen Aspekte hinter dem sportlichen Ruhm.

Fußball-Museen

Weltweit gibt es Fußballmuseen, die die Geschichte von lokalen Clubs und Nationalmannschaften feiern. Ein prominentes Beispiel ist das FIFA World Football Museum in Zürich, das die globale Bedeutung des Fußballs hervorhebt.

Fußball und sein Einfluss auf die Sprache

Fußball hat die alltägliche Sprache beeinflusst. Viele Ausdrücke und Phrasen, die aus dem Fußball stammen, sind in den alltäglichen Sprachgebrauch eingegangen und zeigen die kulturelle Reichweite des Spiels.

Fußball und seine Darstellung in Seifenopern

In einigen Ländern wurde Fußball in Seifenopern integriert, was die Popularität des Sports und seine Rolle im alltäglichen Leben widerspiegelt. Diese Darstellungen zeigen, wie tief Fußball in der Kultur verankert ist und wie er Geschichten und Charaktere in der Welt der Unterhaltung inspiriert.

Fußball als Teil der Schulbildung

In einigen Ländern wird Fußball in die Schulbildung integriert, wobei Kinder nicht nur das Spiel lernen, sondern auch Werte wie Teamarbeit und Fairplay. Diese Integration zeigt, dass Fußball mehr als nur ein Spiel ist; er ist ein Mittel zur Entwicklung von sozialen und kooperativen Fähigkeiten.

QUIZ

Willkommen zum Kultur-Quiz, in dem wir die faszinierende Verflechtung zwischen Fußball und den vielfältigen Aspekten der globalen Kultur erkunden. Fußball ist weit mehr als nur ein Spiel; er hat sich tief in die Welt der Kunst, Musik, Literatur, Film und sogar Architektur eingewoben. In diesem Kapitel wirst Du Dein Wissen über die einzigartigen Wege testen, auf denen Fußball unsere Welt inspiriert und geprägt hat. Von historischen Momenten in Film und Fernsehen bis hin zur Einflussnahme auf Mode und digitale Spiele – entdecke, wie der Fußball als globales Phänomen verschiedenste Kulturbereiche bereichert und geformt hat. Bist Du bereit, in die spannende Welt von Fußball und Kultur einzutauchen und Dein Wissen zu beweisen? Lass uns herausfinden, was Du über die kulturellen Auswirkungen des beliebtesten Spiels der Welt weißt!

Multiple-Choice-Quiz

Welches Jahr markierte die erste Live-Übertragung eines Fußballspiels im Fernsehen?

A 1937 ☐

B 1950 ☐

C 1963 ☐

D 1971 ☐

Welcher Film aus dem Jahr 1981 kombinierte Fußball mit Kino und hatte Stars wie Sylvester Stallone und Pelé?

A Bend It Like Beckham ☐

B Escape to Victory ☐

C The Damned United ☐

D Goal! ☐

Welcher Song wurde zur Hymne der englischen Nationalmannschaft und war besonders populär während der Euro ,96?

A World in Motion

B Vindaloo

C Three Lions

D We're on the Ball

Welches dieser Fußballmuseen befindet sich in Zürich?

A National Football Museum

B FIFA World Football Museum

C Brazilian Football Museum

D Maracanã Museum

Welches Videospiel begann 1993 eine neue Ära des virtuellen Fußballs?

A Pro Evolution Soccer

B FIFA International Soccer

C Football Manager

D Sensible Soccer

 **WAHR oder FALSCH** 

„The Arsenal Stadium Mystery", veröffentlicht 1939, war der erste Film, der sich ausschließlich dem Fußball widmete.

A Wahr

B Falsch

Das Musical „The Beautiful Game" von Andrew Lloyd Webber wurde 1990 uraufgeführt.

A Wahr

B Falsch

Der Film „Zidane: A 21st Century Portrait" bietet eine avantgardistische Dokumentation über den Fußballer Zinédine Zidane.

A Wahr ☐

B Falsch ☐

Das FIFA-Videospiel hat die Art und Weise, wie junge Fans Fußball erleben und verstehen, grundlegend verändert.

A Wahr ☐

B Falsch ☐

Fußball wurde nie in Seifenopern thematisiert.

A Wahr ☐

B Falsch ☐

Fragen beantworten

1. Eduardo Galeano beschreibt in seinem Buch

   „____" die Schönheit

   und den Schmerz des Fußballs.

2. Das Stadion ____________________ in Barcelona ist ein

   Beispiel für Architektur, die durch Fußball inspiriert wurde.

3. Der Film „_________________________________"
aus dem Jahr 2006 ist eine Dokumentation, die den französischen
Fußballer Zinédine Zidane während eines Spiels begleitet.

4. „_______________________" von Nick Hornby beschreibt seine
lebenslange Obsession mit dem Fußballverein Arsenal.

5. Das offizielle Lied der Fußball-Weltmeisterschaft 2010,
„_______________________", wurde von Shakira gesungen.

Die Zukunft des Spiels: Technologische Revolution

In „Die Zukunft des Spiels: Technologische Revolution" blicken wir voraus auf die spannenden Entwicklungen, die den Fußball in den kommenden Jahren und Jahrzehnten prägen werden. Dieses Kapitel nimmt dich mit auf eine Reise in eine Welt, in der Technologie das Spiel, wie wir es kennen, revolutioniert. Wir erkunden, wie moderne Technologien wie Drohnen, Künstliche Intelligenz und fortschrittliche Datenanalyse den Fußball verändern – von der Art und Weise, wie Spiele analysiert und Spieler trainiert werden, bis hin zu neuen Möglichkeiten für Fans, ihre Lieblingsspiele zu erleben.

Wir betrachten, wie der Einsatz von Videoassistenten (VAR) die Schiedsrichterentscheidungen beeinflusst und die Gerechtigkeit auf dem Spielfeld erhöht. Wir untersuchen auch die Rolle von fortgeschrittenen Statistiken und Datenanalyse im modernen Fußball, die es Trainern ermöglichen, die Leistung ihrer Teams und Spieler auf einem ganz neuen Niveau zu verstehen und zu verbessern.

Zusätzlich werfen wir einen Blick auf zukünftige Innovationen, die das Spielerlebnis verändern könnten. Dazu gehören Technologien wie Augmented Reality, die es Fans ermöglichen könnten, Spiele auf noch nie dagewesene Weise zu erleben, oder Robotertrainer, die individualisierte Trainingsprogramme anbieten. Auch die zunehmende Digitalisierung und Vernetzung im Stadionerlebnis wird Thema sein, was den Besuch eines Fußballspiels noch interaktiver und faszinierender machen könnte.

Dieses Kapitel ist nicht nur ein Blick in die Zukunft des Fußballs, sondern auch ein Einblick in die Möglichkeiten, die sich aus der Verbindung von Sport und Technologie ergeben. Es zeigt auf, wie Innovationen das Spiel sowohl für die Spieler auf dem Feld als auch für die Fans auf den Tribünen und zu Hause bereichern können. Mach dich bereit für einen spannenden Einblick in die Zukunft des Fußballs, wo Technologie und Tradition zusammenkommen, um das Spiel, das wir lieben, aufregender und fesselnder zu machen.

Die Einführung des Videoassistenten (VAR)

Der Videoassistenten-Referee (VAR) wurde in der FIFA-Weltmeisterschaft 2018 eingeführt, um strittige Entscheidungen wie Tore, Fouls und Karten zu überprüfen.

Torlinientechnologie

Die Torlinientechnologie, die erstmals bei der WM 2014 verwendet wurde, hilft dabei, festzustellen, ob der Ball die Torlinie vollständig überschritten hat.

Elektronische Leistungstracking-Systeme

Spieler tragen oft Geräte, die ihre Bewegungen, Geschwindigkeit und Herzfrequenz überwachen, um die Leistung zu analysieren und Trainingspläne zu optimieren.

Der Einsatz von Drohnen im Training

Einige Teams nutzen Drohnen, um Trainings zu filmen und Taktiken aus verschiedenen Perspektiven zu analysieren.

Automatisierte Schiedsrichter-Assistenten

Technologien wie der „Automatisierte Offside-Assistent" werden entwickelt, um Schiedsrichter bei Abseitsentscheidungen zu unterstützen.

Virtuelle Realität für das Training

Virtuelle Realität (VR) wird verwendet, um Spieler in einer simulierten Umgebung zu trainieren und ihre Entscheidungsfindung und Spielsituationen zu verbessern.

Digitale Fan-Engagement-Plattformen

Clubs nutzen digitale Plattformen, um mit Fans weltweit zu interagieren, Spiele zu streamen und exklusive Inhalte anzubieten.

Künstliche Intelligenz im Scouting

Künstliche Intelligenz wird eingesetzt, um Spieler zu scouten und Daten zu analysieren, um potenzielle Transfers zu identifizieren.

E-Tickets und digitale Stadionerlebnisse

E-Tickets und mobile Apps ermöglichen es Fans, Tickets zu kaufen, auf Stadionpläne zuzugreifen und sogar Essen und Getränke zu bestellen.

Die Nutzung von Datenanalyse für Taktiken

Trainer und Analysten nutzen fortschrittliche Datenanalyse, um die Taktiken des eigenen Teams und der Gegner zu studieren.

Wearable Technologie für Spieler

Wearable Technologie wie GPS-Tracker und Herzfrequenzmesser werden verwendet, um die Fitness und Leistung der Spieler zu überwachen.

Stadien mit WLAN und Konnektivität

Moderne Stadien bieten WLAN und Konnektivität, um das Fan-Erlebnis zu verbessern und Interaktionen während des Spiels zu ermöglichen.

Roboter als Torhüter-Trainingstools

Einige Teams experimentieren mit Roboter-Technologie, um Torhüter zu trainieren und ihre Reaktionen zu verbessern.

Fortschritte in der Sportmedizintechnologie

In der Sportmedizin werden fortgeschrittene Technologien eingesetzt, um Verletzungen zu behandeln und die Regeneration der Spieler zu beschleunigen.

Die Verwendung von 3D-Druck im Fußball

3D-Druck wird verwendet, um individuell angepasste Schutzkleidung und sogar Schuhe für Spieler herzustellen.

Interaktive digitale Werbetafeln

Digitale Werbetafeln im Stadion bieten interaktive und dynamische Werbe-
möglichkeiten, die auf die Zuschauer vor Ort und im Fernsehen abgestimmt
sind.

Augmented Reality in Fan-Apps

Augmented Reality (AR) wird in Fan-Apps eingesetzt, um das Spiel zu
erleben, indem zum Beispiel Statistiken oder Spielerinformationen in Echt-
zeit angezeigt werden.

Biometrische Sicherheitssysteme in Stadien

Biometrische Systeme wie Gesichtserkennung werden in einigen Stadien eingesetzt, um die Sicherheit zu erhöhen und den Einlass zu beschleunigen.

Smarte Fußbälle

Smarte Fußbälle mit eingebauten Sensoren können Daten wie Geschwindigkeit, Drehung und Flugbahn des Balls erfassen.

Der Einsatz von Big Data im Fußball

Big Data wird zunehmend genutzt, um Spielstrategien zu entwickeln, Spielerleistungen zu bewerten und sogar Verletzungsrisiken vorherzusagen.

QUIZ

Willkommen zum Zukunfts-Quiz, wo wir die aufregende Welt der technologischen Neuerungen im Fußball erkunden. In diesem Kapitel tauchen wir ein in die bahnbrechenden Entwicklungen, die das Gesicht des Spiels verändern und eine neue Ära einläuten. Von der Einführung des Videoassistenten-Referee (VAR) und der Torlinientechnologie bis hin zu fortschrittlichen Trainingsmethoden mit Virtueller Realität, Drohnenaufnahmen und Wearable Technologien – der Fußball erlebt eine wahre Revolution. Diese technologischen Fortschritte bringen nicht nur Veränderungen auf dem Spielfeld, sondern beeinflussen auch das Erlebnis der Fans im Stadion und zu Hause. Bist Du bereit, Dein Wissen über die neuesten Trends und Innovationen im Fußball zu testen? Lass uns herausfinden, wie gut Du auf die Zukunft des Fußballs vorbereitet bist!

Multiple-Choice-Quiz

Wann wurde der Videoassistenten-Referee (VAR) erstmals bei der FIFA-Weltmeisterschaft eingeführt?

A 2014 ☐

B 2016 ☐

C 2018 ☐

D 2020 ☐

Welche Technologie hilft dabei festzustellen, ob der Ball die Torlinie vollständig überschritten hat?

A VAR ☐

B Torlinientechnologie ☐

C Elektronische Leistungstracking-Systeme ☐

D Automatisierte Schiedsrichter-Assistenten ☐

Für welchen Zweck wird Virtuelle Realität (VR) im Fußballtraining verwendet?

A Zur Übertragung von Live-Spielen ☐

B Zur Verbesserung der Entscheidungsfindung und Spielsituationen ☐

C Für die Behandlung von Verletzungen ☐

D Zum Verkauf von E-Tickets ☐

WAHR oder FALSCH

E-Tickets und mobile Apps werden im modernen Fußball genutzt, um das Fan-Erlebnis im Stadion zu verbessern.

A Wahr ☐

B Falsch ☐

Drohnen werden im Fußball nur für Sicherheitszwecke und nicht für Trainingszwecke verwendet.

A Wahr ☐

B Falsch ☐

Biometrische Sicherheitssysteme wie Gesichtserkennung werden in Fußballstadien eingesetzt, um die Effizienz von Essens- und Getränkeverkäufen zu verbessern.

A Wahr ☐

B Falsch ☐

1. Die _____________________ wird eingesetzt, um Spielern in einer simulierten Umgebung Training zu ermöglichen.

2. Smart Fußbälle mit eingebauten Sensoren können Daten wie _________________________________ erfassen.

3. _______________ wird zunehmend genutzt, um Spielstrategien zu entwickeln und Spielerleistungen zu bewerten.

Die nächsten Superstars: Fußballs kommende Generation

„Die nächsten Superstars: Fußballs kommende Generation" führt dich in die aufregende Welt der aufstrebenden Fußballtalente, die bereitstehen, um die Bühne des Weltfußballs zu erobern. In diesem Kapitel werfen wir einen Blick auf die jungen Spieler, die das Potential haben, die nächsten großen Namen im Fußball zu werden. Wir stellen dir junge Talente vor, die bereits auf nationaler und internationaler Ebene für Aufsehen sorgen, und analysieren, was sie zu den zukünftigen Stars des Spiels macht.

Von technisch versierten Mittelfeldspielern über blitzschnelle Stürmer bis hin zu unüberwindbaren Torhütern – wir decken ein breites Spektrum an Positionen und Spielstilen ab. Du erfährst, welche jungen Spieler in den Top-Ligen und in Nachwuchsakademien weltweit bereits herausragende Leistungen zeigen und wie sie sich auf ihrem Weg zur Fußballelite entwickeln.

Dieses Kapitel gibt dir Einblicke in ihre Karrierewege, ihre Spielweise und das, was sie auf und abseits des Platzes so besonders macht. Wir beleuchten auch, wie diese Spieler durch ihre Vereine, Trainer und das moderne Trainingsumfeld geformt werden. „Die nächsten Superstars" ist dein Fenster in die Zukunft des Fußballs, ein Vorgeschmack auf die aufregenden Talente, die in den kommenden Jahren die Fußballwelt begeistern werden.

Ansu Fati – Spaniens jüngster Torschütze
Ansu Fati hat 2020 Fußballgeschichte geschrieben, indem er der jüngste Torschütze in der Geschichte der spanischen Nationalmannschaft wurde. Mit nur 17 Jahren und 311 Tagen zeigte er sein außergewöhnliches Talent und seine Fähigkeiten auf dem internationalen Parkett.

Eduardo Camavinga – Ein Mittelfeldwunder aus Frankreich

Eduardo Camavinga, der in der Jugend bei Stade Rennes spielte, hat sich schnell als eines der vielversprechendsten Mittelfeldtalente in Europa etabliert. Seine technischen Fähigkeiten und sein Spielverständnis machen ihn zu einem Namen, den man sich merken sollte.

Jude Bellingham – Englands aufstrebender Stern

Jude Bellingham hat die Fußballwelt aufhorchen lassen, als er mit nur 17 Jahren von Birmingham City zu Borussia Dortmund wechselte. Seine sofortigen beeindruckenden Leistungen in der Bundesliga zeigen sein enormes Potenzial.

Giovanni Reyna – Eine neue Hoffnung für die USA

Giovanni Reyna, Sohn des ehemaligen US-Nationalspielers Claudio Reyna, wird als eines der größten Talente im amerikanischen Fußball gehandelt. Seine Leistungen bei Borussia Dortmund bestätigen sein großes Potenzial.

Pedri – Barcelonas neueste Entdeckung

Pedri, der als Teenager zu Barcelona kam, hat sich in kurzer Zeit zu einem wichtigen Spieler im Mittelfeld des Clubs entwickelt. Sein Talent und seine Spielintelligenz lassen auf eine große Zukunft hoffen.

Alphonso Davies – Von Kanada nach Bayern München

Alphonso Davies' Weg von den Vancouver Whitecaps zu Bayern München markiert ihn als einen der aufregendsten Außenverteidiger im Weltfußball. Seine Geschwindigkeit und Technik sind beeindruckend.

Bukayo Saka – Arsenals vielseitiger Youngster

Bukayo Saka hat sich bei Arsenal als ein äußerst vielseitiger und talentierter Spieler etabliert. Seine Fähigkeit, auf verschiedenen Positionen zu spielen, macht ihn zu einem wertvollen Spieler für den Club und zeigt seine beeindruckende Anpassungsfähigkeit.

Erling Haaland – Norwegens Torgarant

Erling Haaland, bekannt für seine beeindruckende Torquote bei Borussia Dortmund, hat sich als einer der vielversprechendsten Stürmer seiner Generation etabliert. Seine physische Präsenz und sein Torinstinkt machen ihn zu einer Bedrohung für jede Verteidigung.

Phil Foden – Manchester Citys eigenes Talent

Phil Foden, ein Produkt der Jugendakademie von Manchester City, hat sich unter der Leitung von Pep Guardiola zu einem Schlüsselspieler für den Club entwickelt. Seine technischen Fähigkeiten und sein Spielverständnis zeigen sein großes Potenzial.

Vinícius Júnior – Real Madrids Zukunft

Vinícius Júnior, der als Teenager zu Real Madrid kam, hat bereits sein großes Potenzial unter Beweis gestellt. Mit beeindruckenden Leistungen in der spanischen Liga und der Champions League ist er ein Spieler, von dem man noch viel hören wird.

QUIZ

Willkommen zum Nachwuchsstars-Quiz, in dem wir die vielversprechendsten Talente des modernen Fußballs unter die Lupe nehmen. In
diesem Kapitel konzentrieren wir uns auf die aufstrebenden jungen Spieler,
die bereits jetzt auf sich aufmerksam machen und die großen Bühnen des
Weltfußballs erobern. Diese jungen Talente, von beeindruckenden Mittelfeldspielern bis hin zu Torgaranten, sind auf dem besten Weg, die nächsten
Superstars des Fußballs zu werden. Ihre Fähigkeiten, Leistungen und das
enorme Potenzial machen sie zu Namen, die man sich merken sollte. Bist Du
bereit, Dein Wissen über die nächste Generation von Fußballstars zu testen?
Lass uns herausfinden, wie gut Du die zukünftigen Legenden des Spiels
kennst!

Multiple-Choice-Quiz

Wer wurde 2020 zum jüngsten Torschützen in der Geschichte der spanischen Nationalmannschaft?

A Ansu Fati ☐

B Pedri ☐

C Vinícius Júnior ☐

D Phil Foden ☐

Für welchen Club spielte Eduardo Camavinga, bevor er als eines der vielversprechendsten Mittelfeld-talente in Europa bekannt wurde?

A Paris Saint-Germain ☐

B Stade Rennes ☐

C Real Madrid ☐

D Manchester United ☐

Welcher Spieler wechselte im Alter
von 17 Jahren von Birmingham
City zu Borussia Dortmund und
zeigte sofort beeindruckende
Leistungen in der Bundesliga?

A Jude Bellingham ☐

B Giovanni Reyna ☐

C Erling Haaland ☐

D Bukayo Saka ☐

 # WAHR oder FALSCH 

Giovanni Reyna, der bei Borussia
Dortmund spielt, ist der Sohn des
ehemaligen US-Nationalspielers
Claudio Reyna.

A Wahr ☐

B Falsch ☐

Erling Haaland ist bekannt für
seine Verteidigungsfähigkeiten bei
Borussia Dortmund.

A Wahr ☐

B Falsch ☐

Alphonso Davies spielte vor seinem
Wechsel zu Bayern München für
ein Team in der MLS.

A Wahr ☐

B Falsch ☐

Fragen beantworten

1. Pedri entwickelte sich zu einem wichtigen Spieler im Mittelfeld von _______________________.

2. Bukayo Saka hat sich bei _______________________ als ein äußerst vielseitiger und talentierter Spieler etabliert.

3. Vinícius Júnior kam als Teenager zu _______________________ und hat bereits sein großes Potenzial unter Beweis gestellt.

In unserem Bonuskapitel „EM 2024 in Deutschland: Ein Rückblick auf das Fußballfest!" dreht sich alles um das Mega-Event, das Deutschland im Jahr 2024 in
den Fußballfieber versetzt hat. Hier erlebst du hautnah die unvergesslichen
Momente, die die EM 2024 geprägt haben, und wie das Land als Gastgeber
das Turnier zu einem wahren Spektakel gemacht hat.

Dieses Kapitel gibt dir exklusive Einblicke in die Spiele, die Stadien und die
Städte, die Tausende von Fans aus ganz Europa und der Welt empfangen
haben. Wir werfen einen Blick auf die Teams, die um den Titel gekämpft
haben, und die Spieler, die mit herausragenden Leistungen die Bühne
betreten haben. Von aufstrebenden Talenten bis zu etablierten Stars –
erfahre, wer die Helden der EM 2024 geworden sind.

Zudem beleuchten wir die wirtschaftlichen und sozialen Auswirkungen des
Turniers auf Deutschland und Europa und wie dieses Großereignis die Fußballkultur nachhaltig beeinflusst hat.

Dieses Bonuskapitel ist dein Rückblick auf eines der größten Fußballfeste,
das Deutschland je erlebt hat!

Zeitreise: Die großartige Geschichte der EM

In „Zeitreise: Die großartige Geschichte der EM" entführen wir dich auf
eine spannende Tour durch die Historie der Europameisterschaft, eines
der größten Fußballturniere der Welt. Wir starten bei den bescheidenen
Anfängen dieses prestigeträchtigen Wettbewerbs und zeigen dir, wie er sich
zu dem epischen Event entwickelt hat, das wir heute kennen und lieben.

Du wirst die faszinierende Entwicklung der EM von ihren frühesten Tagen in
den 1960er Jahren erleben, als das Turnier noch in kleinerem Rahmen stattfand, bis hin zu den riesigen Fußballfesten, die heutzutage in ganz Europa
gefeiert werden. Wir werfen einen Blick auf die legendärsten Spiele und die
unvergesslichsten Momente, die die Geschichte der EM geprägt haben, wie
zum Beispiel den triumphalen Sieg der Niederlande 1988 oder das griechi-
sche Fußballmärchen von 2004.

Dieses Kapitel zeigt dir auch, warum die EM so einzigartig ist und was sie
von anderen Fußballturnieren unterscheidet. Du erfährst, wie dieses Turnier
Nationen zusammenbringt und warum es so eine besondere Atmosphäre
und Begeisterung hervorruft. Von den großen Taktiken und Strategien bis hin
zu den spannenden Geschichten der Fans – hier bekommst du einen tiefen
Einblick in die Seele der Europameisterschaft.

Also, schnall dich an für eine Zeitreise durch die EM, die dich durch Höhen
und Tiefen, durch Jubel und Tränen führen wird. Dieses Kapitel ist ein
absolutes Muss für jeden Fußballfan, der die Geschichte hinter den Spielen
entdecken möchte.

Die erste UEFA-Europameisterschaft

Die erste offizielle UEFA-Europameisterschaft fand 1960 in Frankreich statt
und war damals unter dem Namen „Europapokal der Nationen" bekannt.
Diese erste Ausgabe des Turniers legte den Grundstein für eines der wichtigsten Fußballevents in Europa.

Der erste EM-Sieger

Die Sowjetunion ging in die Geschichte ein, als sie die erste Europameisterschaft 1960 gewann. Sie besiegten Jugoslawien im Finale mit 2:1 nach Verlängerung, ein bedeutender Moment in der Fußballgeschichte.

Die Einführung des Gruppenformats

1980 wurde das Turnierformat geändert und das heutige Gruppenformat
eingeführt. Vor dieser Änderung bestand das Turnier nur aus Halbfinals und
einem Finale, was weniger Spiele und Teilnehmer bedeutete.

Die Erweiterung auf 16 Teams

1996 wurde die Anzahl der Mannschaften bei der EM von 8 auf 16 erweitert.
Diese Erweiterung erlaubte mehr Ländern, an diesem prestigeträchtigen
Turnier teilzunehmen.

Rekordsieger Deutschland

Deutschland, einschließlich der Erfolge von Westdeutschland, ist mit drei
EM-Titeln (1972, 1980, 1996) gemeinsam mit Spanien der Rekordsieger der
Europameisterschaft.

Die EM 1988 in Deutschland

1988 war Deutschland Gastgeber der EM, die von den Niederlanden
gewonnen wurde. Dieses Turnier ist besonders in Erinnerung geblieben für
die hochklassigen Spiele und den Sieg des niederländischen Teams.

Griechenlands Überraschungssieg 2004

2004 sorgte Griechenland für eine der größten Überraschungen in der
EM-Geschichte, als sie völlig unerwartet das Turnier gewannen. Ihr Sieg steht
symbolisch für die Unvorhersehbarkeit und die Faszination des Fußballs.

Der schnellste EM-Treffer

2004 erzielte Dmitri Kirichenko aus Russland das schnellste Tor in der EM-Geschichte, nur 67 Sekunden nach Spielbeginn. Dieser Rekord zeugt von der Schnelligkeit und Spontaneität, die der Fußball bieten kann.

Die EM 2016 und das erweiterte Format

Die Europameisterschaft 2016 brachte eine weitere Erweiterung des Teilnehmerfeldes mit sich. Die Anzahl der Teams wurde auf 24 erhöht, was das Turnier inklusiver machte und kleineren Fußballnationen die Möglichkeit gab, auf der großen Bühne zu spielen.

Portugal als Europameister 2016

Portugal gewann 2016 seine erste Europameisterschaft in einem spannenden Turnier. Trotz des frühen verletzungsbedingten Ausscheidens von Cristiano Ronaldo im Finale konnte das portugiesische Team triumphieren. Ihr Sieg zeigt, dass im Fußball Teamgeist und Entschlossenheit genauso wichtig sind wie individuelle Starqualitäten.

Deutschland im EM-Fieber: Unsere größten Siege

In „Deutschland im EM-Fieber: Unsere größten Siege" nehmen wir dich mit auf eine packende Reise durch die Highlights der deutschen Nationalmannschaft bei den Europameisterschaften. Deutschland hat im Laufe der Jahre einige der denkwürdigsten Momente in der Geschichte des Turniers geschaffen, und dieses Kapitel ist eine Hommage an diese glorreichen Siege.

Wir starten mit dem legendären Triumph im Jahr 1972, als Deutschland zum ersten Mal Europameister wurde, und setzen unsere Reise fort bis zu den aufregenden Spielen der jüngeren Vergangenheit. Du erlebst noch einmal die Spannung und die Euphorie von Spielen wie dem dramatischen Finale 1996, als Oliver Bierhoff das entscheidende Golden Goal schoss und Deutschland zum dritten Mal den Titel holte.

Dieses Kapitel zeigt dir nicht nur die Spiele, in denen Deutschland trium-
phierte, sondern gibt dir auch Einblicke in die Hintergründe dieser Siege. Du
erfährst, wie diese Erfolge die Fußballkultur in Deutschland geprägt haben
und wie sie Fans und Spieler gleichermaßen inspiriert haben. Wir beleuchten
die Schlüsselmomente und Taktiken, die diese Siege möglich machten, und
die Helden auf dem Platz, deren Namen in die Fußballgeschichte eingegangen sind.

Bereite dich auf eine emotionale Achterbahnfahrt vor, bei der du die Höhepunkte und die unvergesslichen Momente der deutschen EM-Geschichte
miterlebst. „Deutschland im EM-Fieber" ist eine Hommage an die Siege, die
Leidenschaft und die unvergesslichen Momente, die Deutschland bei den
Europameisterschaften erlebt hat. Es ist ein Kapitel voller Stolz, Freude und
unvergesslicher Fußballgeschichten.

Deutschlands erster EM-Titel

1972 errang Deutschland seinen ersten EM-Titel in Belgien. Gerd Müller, einer
der größten Stürmer aller Zeiten, schoss zwei entscheidende Tore im Finale
gegen die Sowjetunion und verhalf seinem Team zum Sieg.

Das legendäre Finale 1976

Das EM-Finale 1976 ging in die Fußballgeschichte ein, als Deutschland im
Elfmeterschießen der Tschechoslowakei unterlag. Antonín Panenkas „Löffel"-
Elfmeter, eine gewagte und innovative Schusstechnik, ist bis heute unver-
gessen.

Deutschland als Gastgeber 1988

Als Gastgeber der EM 1988 schied Deutschland im Halbfinale gegen die Niederlande aus, die später das Turnier gewannen. Dieses Ausscheiden war für
die deutsche Mannschaft besonders bitter, da sie hohe Erwartungen an das
Turnier auf eigenem Boden hatte.

Der Titelgewinn 1980

1980 sicherte sich Deutschland seinen zweiten EM-Titel in Italien. Horst Hrubesch wurde zum Helden des Finales, als er zwei Tore gegen Belgien schoss und Deutschland zum Sieg führte.

Die EM 1996 und der „Golden Goal"-Sieg

1996 gewann Deutschland die EM in England, wobei Oliver Bierhoff das erste „Golden Goal" in der Geschichte der EM im Finale gegen Tschechien erzielte. Dieser Moment bleibt als einer der dramatischsten in der Geschichte der Europameisterschaften in Erinnerung.

Rekordteilnahmen an EM-Endrunden

Deutschland hat eine beeindruckende Bilanz bei Europameisterschaften und hat an fast allen EM-Endrunden teilgenommen, die meisten aller europäischen Länder.

Rekordzahl an EM-Finalteilnahmen

Mit insgesamt sechs Finalteilnahmen hält Deutschland den Rekord für die meisten EM-Finalteilnahmen, was die beständige Stärke und Konkurrenzfähigkeit der deutschen Mannschaft unterstreicht.

Miroslav Kloses EM-Rekord

Miroslav Klose, bekannt für seine Torjägerqualitäten, ist der einzige deutsche Spieler, der in vier verschiedenen EM-Turnieren Tore erzielte, ein Zeugnis seiner Langlebigkeit und Konstanz auf höchstem Niveau.

Deutschlands beeindruckende Bilanz

Deutschland hat nicht nur eine beeindruckende Anzahl von Spielen bei Europameisterschaften bestritten, sondern auch die meisten Siege und Tore erzielt. Diese Statistiken zeigen Deutschlands Dominanz im europäischen Fußball über die Jahre hinweg.

Die Entwicklung des deutschen Fußballs

Die deutsche Nationalmannschaft ist bekannt für ihre Fähigkeit, sich ständig weiterzuentwickeln und anzupassen. Vom physisch geprägten Fußball der Vergangenheit hat sich das Team zu einem modernen, technisch versierten und taktisch flexiblen Stil entwickelt. Diese Entwicklung spiegelt die tiefgreifenden Veränderungen im internationalen Fußball wider und zeigt die Innovationskraft des deutschen Fußballs.

Countdown 2024: Deutschland im Rückblick

In „Countdown 2024: Deutschland im Rückblick" dreht sich alles um die Vorbereitungen und das erfolgreiche Ausrichten der EM 2024 in Deutschland. Dieses Kapitel gibt dir einen Überblick über die Stadien, die das Zentrum des Geschehens waren, und zeigt dir, wie Deutschland das große Event gemeistert hat. Du erfährst, in welchen Städten gespielt wurde und was diese Stadien so besonders gemacht hat.

Wir werfen außerdem einen Blick auf die Ticketvergabe und wie Fans aus der ganzen Welt die einzigartige Atmosphäre der Spiele erlebt haben. Dazu bieten wir spannende Einblicke, wie Deutschland die internationalen Gäste willkommen geheißen hat und was dieses Turnier für das Land und den europäischen Fußball bedeutet hat. Kurz gesagt: Hier findest du alles Wissenswerte rund um die EM 2024, um die Ereignisse dieses unvergesslichen Fußballfests noch einmal Revue passieren zu lassen.

Auswahl der Gastgeberstadt

Im September 2018 wählte die UEFA Deutschland als Gastgeberland für die EM 2024 aus, wobei es sich gegen die Türkei durchsetzte. Diese Entscheidung unterstreicht Deutschlands starke Infrastruktur und Erfahrung in der Ausrichtung großer Sportveranstaltungen.

Die Austragungsorte

Die EM 2024 wird in zehn deutschen Städten ausgetragen, darunter in so bedeutenden Städten wie Berlin, München, Dortmund, Hamburg und Köln. Diese Auswahl an Austragungsorten verspricht eine breite geografische Streuung und die Möglichkeit, verschiedene Facetten Deutschlands zu erleben.

Renovierung und Modernisierung der Stadien

Mehrere Austragungsstadien werden renoviert und modernisiert, um den Anforderungen der UEFA für große Turniere gerecht zu werden. Diese Investitionen verbessern nicht nur die Stadienerfahrung für die EM, sondern hinterlassen auch langfristig positive Effekte.

Nachhaltigkeitskonzept

Ein besonderer Schwerpunkt des Turniers in Deutschland liegt auf Nachhaltigkeit. Dies umfasst umweltfreundliche Verkehrslösungen, Energieeffizienz in den Stadien und die Minimierung des ökologischen Fußabdrucks des Turniers.

Sicherheitsplanung

Die Sicherheitsplanung für die EM 2024 ist umfassend und beinhaltet Maßnahmen zur Gewährleistung der Sicherheit aller Teilnehmer – Fans, Spieler und Offizielle. Dies ist ein zentrales Anliegen, um ein sicheres und angenehmes Turnier zu garantieren.

Fan-Feste und Public Viewing

In allen Gastgeberstädten sind Fan-Feste und Public Viewing-Bereiche geplant. Diese sollen auch denjenigen, die keine Tickets für die Spiele bekommen, ein inklusives und begeisterndes Erlebnis bieten.

Digitale Infrastruktur

Ein weiterer Schwerpunkt liegt auf der Verbesserung der digitalen Infrastruktur in den Stadien und den Austragungsorten, einschließlich WLAN- und Netzwerkverbesserungen. Ziel ist es, ein nahtloses und modernes Erlebnis für alle Besucher zu schaffen.

Transport und Mobilität

Es wird intensiv an der Optimierung des öffentlichen Verkehrs und der Infrastruktur gearbeitet, um einen reibungslosen Transport der Fans zwischen und innerhalb der Austragungsstädte zu gewährleisten.

Freiwilligenprogramme

Ein umfangreiches Freiwilligenprogramm wird aufgelegt, um das Turnier zu unterstützen. Dies bietet Freiwilligen die Möglichkeit, Teil des Events zu sein und den Besuchern eine herzliche und informative Erfahrung zu bieten.

Kulturelle und sportliche Rahmenprogramme

Um das Turnier zu einem umfassenden Erlebnis zu machen, sind neben den Spielen diverse kulturelle und sportliche Veranstaltungen geplant. Dies soll die EM 2024 zu einem Festival des Fußballs und der Kultur machen.

Wer war der Star der EM 2024?

In „Wer war der Star der EM 2024?" richten wir den Fokus auf die Spieler und Teams, die während der Europameisterschaft 2024 im Rampenlicht standen. Dieses Kapitel gibt dir einen Überblick über die spannendsten Mannschaften und die Spieler, die das Turnier geprägt haben. Wir beleuchten die Teams, die als Geheimfavoriten auftraten, sowie jene, die erwartungsgemäß das Turnier dominierten.

Von jungen Talenten, die ihren Durchbruch geschafft haben, bis hin zu etablierten Stars – wir zeigen dir die Spieler, die während der EM 2024 für Furore sorgten. Egal, ob virtuose Mittelfeldspieler, schnelle Stürmer oder unüberwindbare Torhüter, dieses Kapitel beleuchtet die Matchwinner und die entscheidenden Akteure des Turniers.

Dieses Kapitel ist perfekt für alle Fußballfans, die die Höhepunkte der EM 2024 noch einmal erleben wollen und erfahren möchten, welche Spieler das Turnier nachhaltig geprägt haben.

Qualifizierte Teams

Für die EM 2024 qualifizierten sich 24 Teams aus ganz Europa durch intensive Qualifikationsspiele. Diese Mannschaften repräsentierten die Vielfalt und das hohe Niveau des europäischen Fußballs und machten das Turnier zu einem spannenden und hochklassigen Wettbewerb.

Titelverteidiger

Der Titelverteidiger der EM 2020, Italien, trat erneut an, um seinen Titel zu verteidigen. Das Team hatte automatisch hohe Erwartungen und war bestrebt, seine Dominanz auf der europäischen Bühne fortzusetzen.

Jungstars im Rampenlicht

Die EM 2024 brachte einige neue Fußballtalente ans Licht. Spieler, die 2021 noch als Nachwuchstalente galten, stiegen bis 2024 zu Schlüsselfiguren in ihren Nationalteams auf und prägten das Turnier mit ihren herausragenden Leistungen.

Deutschlands Hoffnungen

Als Gastgeberland lasteten hohe Erwartungen auf der deutschen National-mannschaft. Spieler wie Joshua Kimmich, Kai Havertz und Leroy Sané über-nahmen zentrale Rollen und versuchten, das Team zum Erfolg zu führen.

Rückkehr der Legenden

Einige weltbekannte Fußballspieler gaben bei der EM 2024 möglicherweise ihre letzten Auftritte auf der großen Bühne. Diese Momente machten das Turnier besonders emotional und spannend für die Fans.

Neue Trainerstrategien

Trainer, die seit der letzten EM die Führung ihrer Nationalmannschaften übernommen hatten, nutzten die EM 2024 als Gelegenheit, ihre taktischen Fähigkeiten zu demonstrieren und ihre Teams auf höchstem Niveau zu präsentieren.

Aufstrebende Fußballnationen

Einige historisch weniger erfolgreiche Mannschaften überraschten mit starken Leistungen und sorgten für einige der aufregendsten und unerwartetsten Momente des Turniers.

Taktische Innovationen

Seit der letzten EM hatten sich neue taktische Trends und Spielsysteme im Fußball entwickelt, und viele dieser Innovationen spiegelten sich in der Spielweise der Teams bei der EM 2024 wider.

Der Einfluss der Vereinsleistung

Spieler, die in ihren Vereinen herausragende Leistungen gezeigt hatten, konnten sich bei der EM 2024 als Schlüsselspieler in ihren Nationalmannschaften etablieren und das Turnier maßgeblich beeinflussen.

Starspieler im Fokus

Bekannte Starspieler wie Kylian Mbappé, Erling Haaland und Phil Foden standen im Zentrum des Medieninteresses. Ihre Leistungen wurden von Fans weltweit mit Spannung und Begeisterung verfolgt.

Deutschland – Ein Gastgeber wie kein anderer

In „Deutschland – Ein Gastgeber wie kein anderer" blicken wir zurück auf die
EM 2024 in Deutschland und zeigen, warum dieses Turnier ein unvergleichli-
ches Ereignis war. Wir werfen einen Blick darauf, was Deutschland als Gastgeberland so besonders machte und wie es eines der größten Sportereignisse
der Welt erfolgreich ausrichtete.

Du erfährst mehr über die legendären Stadien, in denen die Spiele statt-
fanden, von ihren historischen Wurzeln bis hin zu den modernen Annehm-
lichkeiten, die sie zu perfekten Austragungsorten für ein solch großes Turnier
machten. Wir nehmen dich mit zu den Fan-Zonen, die in ganz Deutschland
errichtet wurden, wo Fans aus aller Welt zusammenkamen, um die Spiele zu
feiern und die einzigartige Atmosphäre des Turniers zu genießen.

Aber es ging nicht nur um Fußball. Wir beleuchten auch, wie die EM das
kulturelle und soziale Leben in Deutschland bereicherte, von öffentlichen
Veranstaltungen und Festivals bis hin zu den Möglichkeiten für lokale
Gemeinschaften, Teil des Ereignisses zu sein.

Deutschland als mehrfacher Gastgeber großer Turniere

Deutschland hat eine lange Tradition in der Ausrichtung großer Fußballturniere. Neben den Weltmeisterschaften 1974 und 2006 und der EM 1988
zeugt dies von der organisatorischen Kompetenz und der Begeisterung für
den Fußball im Land.

Die Bedeutung des Fußballs in Deutschland

Fußball ist mehr als nur ein Sport in Deutschland; er ist Teil des kulturellen
Erbes. Mit einer tief verwurzelten Fankultur und einer reichen Tradition in
den Vereinen sowie in der Nationalmannschaft, spiegelt Fußball den Stolz
und die Leidenschaft des Landes wider.

Moderne Stadien und Infrastruktur

Deutschlands Ruf für hochmoderne Fußballstadien und exzellente Infrastruktur macht es zu einem idealen Austragungsort für Großveranstaltungen
wie die EM 2024. Diese Einrichtungen bieten den Fans ein herausragendes
Erlebnis.

Fußball als Teil der deutschen Kultur

Fußball ist fest in der deutschen Kultur verankert. Vereinsfeste, Fanklubs und
lokale Rivalitäten prägen das gesellschaftliche Leben und verstärken die Verbindung zwischen dem Sport und den Menschen.

Integration durch Fußball

In Deutschland wird Fußball als wichtiges Instrument zur Förderung von
Integration und interkulturellem Austausch genutzt. Dies spiegelt die Vielfalt
und Offenheit der deutschen Gesellschaft wider.

Fußball und Umweltbewusstsein

Deutschland legt Wert auf umweltfreundliche Maßnahmen bei der Ausrichtung von Sportveranstaltungen. Nachhaltige Stadionbetriebe und grüne
Initiativen sind Beispiele dafür, wie der Fußball zum Umweltschutz beiträgt
und ein Bewusstsein für nachhaltige Praktiken schafft.

Die Rolle des DFB

Der Deutsche Fußball-Bund (DFB) spielt eine zentrale Rolle in der Organisation und Förderung des Fußballs in Deutschland. Er unterstützt den Sport
von der Jugend- bis zur Profiebene und trägt entscheidend zur Entwicklung
des Fußballs bei.

Berühmte deutsche Fußballstädte

Städte wie München, Dortmund und Hamburg sind nicht nur für ihre Fußballgeschichte berühmt, sondern auch für ihre lebendige Fußballkultur. Diese
Städte werden während der EM 2024 wichtige Austragungsorte sein und eine
einzigartige Atmosphäre bieten.

Fußball als Wirtschaftsfaktor

In Deutschland ist Fußball auch ein bedeutender Wirtschaftsfaktor. Er
schafft Arbeitsplätze, fördert lokale Unternehmen und trägt wesentlich
zur Wirtschaft bei, besonders in den Austragungsstädten während großer
Turniere.

Die Fußballbegeisterung der deutschen Fans

Die Begeisterung und Treue der deutschen Fußballfans ist weltweit bekannt.
Große Turniere wie die EM 2024 bieten eine Bühne für diese Leidenschaft
und versprechen eine Atmosphäre voller Energie und Begeisterung.

Liebe Fußballfreunde,

was für eine unglaubliche Reise wir gemeinsam erlebt haben! Dein Fußball Abenteuer ist allerdings noch nicht vorbei!" blicken wir zurück auf unsere fantastische Reise durch die Welt des Fußballs und fassen zusammen, was wir alles gelernt und erlebt haben. Wir haben in „Die Anfänge des Spiels: Eine Zeitreise" gesehen, wie Fußball seine Wurzeln in antiken Kulturen fand und sich zum modernen Sport entwickelt hat. In „Epische Momente: Spiele, die die Welt bewegten" tauchten wir in die denkwürdigsten Spiele der Fußballgeschichte ein, während „Fußballhelden: Legenden des Rasens" uns die Geschichten der größten Spieler aller Zeiten erzählte.

In „Von Clubs und Meisterschaften: Das Herz des Fußballs" erforschten wir die faszinierende Welt der Fußballvereine und Ligen. „Das Spiel verstehen: Meister der Taktik und Technik" gab uns Einblicke in die komplexen Strategien und Fähigkeiten, die den Fußball so spannend machen. In „Weltrekorde: Fußball in Zahlen" staunten wir über die beeindruckenden Rekorde und Statistiken im Fußball.

„Lachen am Spielfeldrand: Kuriositäten und Anekdoten" brachte uns die lustige Seite des Fußballs näher, und „Fußball trifft Kultur: Das Spiel, das die Welt inspiriert" zeigte uns, wie Fußball Kultur und Kunst beeinflusst hat. „Die Zukunft des Spiels: Technologische Revolution" gab uns einen Vorgeschmack darauf, wie Technologie den Fußball verändern wird, und in „Die nächsten

Superstars: Fußballs kommende Generation" lernten wir die aufstrebenden Talente kennen, die bald die Fußballwelt erobern werden.

Unser Bonuskapitel „EM 2024 in Deutschland: Ein Fußballfest!" versetzte uns in die Vorfreude auf das bevorstehende Großereignis und zeigte, was Deutschland als Gastgeber so besonders macht.

Diese Reise durch „365 spannende Fußballfakten" mag nun zwar zu Ende sein, aber dein Fußballabenteuer geht weiter. Es gibt immer mehr zu lernen, zu erleben und zu feiern in dieser wunderbaren Welt des Fußballs. Danke, dass du uns auf dieser aufregenden Reise begleitet hast. Jeder Tag mit diesem Buch hat dir neue Einsichten und spannende Geschichten aus der Welt des Fußballs gebracht. Du hast nicht nur über die Geschichte und die großen Momente des Spiels gelernt, sondern auch über die Zukunftsaussichten und die kommenden Stars.

Vergiss nicht, dass Fußball mehr ist als nur ein Spiel. Es ist eine Leidenschaft, die Menschen weltweit verbindet, Geschichten schafft, die Generationen überdauern, und Momente b etet, die in Erinnerung bleiben. Dein Abenteuer im Fußball geht weiter, und es gibt immer neue Spiele zu sehen, neue Spieler zu entdecken und neue Geschichten zu erleben.

Also, sei es auf dem Platz, im Stadion oder zu Hause – genieße jeden Moment des Spiels. Wir hoffen, dass dieses Buch dich inspiriert hat, noch tiefer in die Welt des Fußballs einzutauchen und deine Liebe zum Spiel zu vertiefen. Bis zum nächsten großen Spiel, bis zum nächsten unvergesslichen Fußballmoment – bleib am Ball!

Willkommen in der „Nachspielzeit" unseres Fußball-Abenteuers – dem Kapitel, in dem wir alle Geheimnisse lüften und Antworten auf die spannenden Quizfragen enthüllen, die Dich auf Deiner Reise durch die Welt des Fußballs begleitet haben. Dieser Abschnitt ist der perfekte Ort, um Dein Wissen zu überprüfen und zu sehen, wie viel Du wirklich über das schönste Spiel der Welt gelernt hast. Von den Anfängen des Fußballs bis hin zu den Stars der Zukunft – hier findest Du die Auflösung zu jedem Rätsel, jeder Herausforderung und jedem Quiz, das Dir begegnet ist. Nutze diese Chance, um Deine Antworten zu vergleichen, Dein Verständnis zu vertiefen und vielleicht sogar etwas Neues zu entdecken. Die Nachspielzeit ist nicht nur ein Abschluss, sondern eine Feier Deines Wissens und Deiner Leidenschaft für den Fußball!

Lösungen zum Quiz „Fußball-Vergangenheit"

Multiple-Choice-Quiz Lösungen

Wo wurde der älteste Fußballclub der Welt gegründet?
Lösung: C) England

Welches Land gewann die erste Fußball-Weltmeisterschaft?
Lösung: B) Uruguay

In welchem Jahr fand das erste Fußballspiel unter Flutlicht statt?
Lösung: A) 1878

Wo wurde das erste internationale Fußballspiel ausgetragen?
Lösung: B) Schottland

Wahr oder Falsch Quiz Lösungen

Das erste Kopfballtor in einer Fußball-WM wurde 1930 erzielt.
Antwort: Wahr

ASEC Mimosas aus der Elfenbeinküste war der erste afrikanische Verein, der in der UEFA Champions League spielte.
Antwort: Falsch

Der erste Fußballwettbewerb, der FA Cup, begann im Jahr 1871.
Antwort: Wahr

Die erste Live-Übertragung eines Fußballspiels fand in den 1950er Jahren statt.
Antwort: Falsch

Das längste Fußballspiel der Geschichte dauerte 36 Stunden.
Antwort: Wahr

Fragen beantworten Quiz Lösungen

Wer war der erste professionelle Fußballspieler?
Antwort: William „Fatty" Foulke

In welchem Jahr wurde die FIFA gegründet?
Antwort: 1904

Wo fand die erste Fußball-Weltmeisterschaft für Frauen statt?
Antwort: 1991 in China

Was ist der Ursprung des Wortes „Soccer"?
Antwort: Eine Kurzform von „Association Football" aus England

Was ist das Besondere an der Europameisterschaft 1960?
Antwort: Es war die erste UEFA-Europameisterschaft

Lösungen zum Quiz „Das große Fußball-Moment-Quiz"

Multiple-Choice-Quiz Lösungen

Wer erzielte das „Hand Gottes"-Tor bei der WM 1986?
Lösung: B) Diego Maradona

Gegen welches Team gewann Deutschland das „Wunder von Bern" im WM-Finale 1954?
Lösung: B) Ungarn

Welches Team erreichte als erstes afrikanisches Land das Viertelfinale einer Fußball-WM?

Lösung: B) Kamerun

In welchem Jahr erzielte Laurent Blanc das erste Golden Goal bei der Fußball-Europameisterschaft?

Lösung: B) 1996

Welcher Spieler erzielte das schnellste Tor in einem WM-Finale?

Lösung: B) Johan Neeskens

Wahr oder Falsch Quiz Lösungen

Liverpool lag im Finale der Champions League 2005 gegen AC Mailand zur Halbzeit 0:3 zurück und gewann das Spiel.

Antwort: Wahr

Maradonas „Hand Gottes"-Tor wurde im WM-Finale 1986 erzielt.

Antwort: Falsch

Brasilien gewann 2002 seinen fünften Weltmeistertitel.

Antwort: Wahr

Das erste Elfmeterschießen in der Geschichte der Fußball-Weltmeister-schaften fand 1982 statt.

Antwort: Wahr

Die höchste Niederlage in einem WM-Spiel war ein 10:1-Sieg von Deutschland gegen El Salvador.

Antwort: Falsch

Welches Team gewann das erste WM-Finale im Jahr 1930?
Antwort: Uruguay

Welches Land war Gastgeber der ersten Copa América im Jahr 1916?
Antwort: Argentinien

Wer war der erste Nicht-Europäer, der die Champions League gewann?
Antwort: Juary

In welchem Jahr fand das erste UEFA-Cup Finale statt?
Antwort: 1972

Welcher Spieler war der älteste Torschütze in einer Fußball-Weltmeisterschaft?
Antwort: Roger Milla

Lösungen zum Quiz „Legenden-Quiz"

Multiple-Choice-Quiz Lösungen

Wer hält den Guinness-Weltrekord für die meisten Tore in seiner Karriere?
Lösung: C) Pelé

Wer ist der einzige Torwart, der den Ballon d'Or gewonnen hat?
Lösung: D) Lev Yashin

Für welchen Club spielte George Weah, als er den Ballon d'Or gewann?
Lösung: B) Paris Saint-Germain

Welcher Spieler erzielte das schnellste Tor in einem WM-Finale?
Lösung: B) Johan Neeskens

Wer ist der Rekordtorschütze der spanischen Nationalmannschaft?
Lösung: C) David Villa

Wahr oder Falsch Quiz Lösungen

Cristiano Ronaldo hält den Rekord als führender Torschütze in der Geschichte der UEFA Champions League.
Antwort: Wahr

Miroslav Klose ist der Rekordtorschütze bei Fußball-Weltmeister-schaften.
Antwort: Wahr

Zinedine Zidane gewann während seiner Karriere fünfmal den Ballon d'Or.
Antwort: Falsch

Ronaldinho gewann 2005 den Ballon d'Or.
Antwort: Wahr

Paolo Maldini gewann im Laufe seiner Karriere fünfmal die Champions League mit AC Mailand.
Antwort: Falsch

Fragen beantworten Quiz Lösungen

Wie viele Tore erzielte Ferenc Puskás für Ungarn in Länderspielen?
Antwort: 84 Tore in 85 Länderspielen

Welcher Spieler führte Deutschland 1990 als Kapitän zum WM-Titel und gewann später auch als Trainer die Weltmeisterschaft?
Antwort: Franz Beckenbauer

Wer war der erste und einzige afrikanische Spieler, der den Ballon d'Or gewonnen hat?
Antwort: George Weah

Welcher legendäre Stürmer ist bekannt als „Der Bomber"?
Antwort: Gerd Müller

Für welches Land spielte Eusébio bei der WM 1966 und wurde Torschützenkönig des Turniers?
Antwort: Portugal

Lösungen zum Quiz „Club- und Meisterschafts-Quiz"

Multiple-Choice-Quiz Lösungen

Welcher Verein hält den Rekord für die meisten Siege im Europapokal/ Champions League?
Lösung: C) Real Madrid

Welche Jugendakademie ist berühmt für die Entwicklung von Spielern wie Lionel Messi, Xavi Hernández und Andrés Iniesta?
Lösung: A) La Masia (FC Barcelona)

Wer wurde 1993 der erste Gewinner der neu gegründeten Premier League?
Lösung: D) Manchester United

Welcher Klub gewann dreimal hintereinander den Europapokal der Landesmeister von 1971 bis 1973?

Lösung: C) Ajax Amsterdam

Welcher Verein vollbrachte 2010 das seltene Kunststück, das Triple (Serie A, Coppa Italia, UEFA Champions League) zu gewinnen?

Lösung: B) Inter Mailand

Wahr oder Falsch Quiz Lösungen

Real Madrid hat 13 Mal den Europapokal/Champions League gewonnen.

Antwort: Wahr

Manchester Uniteds „Class of ‚92" umfasste Spieler wie Thierry Henry und Zinedine Zidane.

Antwort: Falsch

Olympique Lyonnais hat mehrere Titel in der UEFA Women's Champions League gewonnen.

Antwort: Wahr

Der FC Barcelona hat nie eine ungeschlagene Saison in der La Liga absolviert

Antwort: Falsch

Celtic Glasgow gewann neunmal in Folge die schottische Meisterschaft von 1966 bis 1974.

Antwort: Wahr

Wer ist der einzige Torhüter, der den Ballon d'Or gewonnen hat?
Antwort: Lev Yashin

Welcher deutsche Spieler hält den Rekord für die meisten Tore bei Fußball-Weltmeisterschaften?
Antwort: Miroslav Klose

In welchem Jahr gewann Chelsea FC seinen ersten UEFA Champions League-Titel?
Antwort: 2012

Welcher Spieler erzielte das „Golden Goal" für Deutschland in der Euro 1996?
Antwort: Oliver Bierhoff

Für welchen Verein spielte David Beckham, als er Teil von Manchester Uniteds „Class of ‚92" war?
Antwort: Manchester United

Lösungen zum Quiz „Taktik und Technik"

Multiple-Choice-Quiz Lösungen

Welche Fußballmannschaft hat die Tiki-Taka-Spielweise berühmt gemacht?
Lösung: B) FC Barcelona

Welcher Trainer ist bekannt für die Entwicklung der Gegenpressing-Taktik?
Lösung: B) Jürgen Klopp

**Welche Rolle hat Lionel Messi in der Taktik der"falschen Neun"
gespielt?**

Lösung: B) Perfektionierer

Wahr oder Falsch Quiz Lösungen

Das 4-4-2-System wurde in den 1970er Jahren populär.

Antwort: Falsch

**Moderne Innenverteidiger sind ausschließlich auf das reine Verteidigen
beschränkt.**

Antwort: Falsch

**Offensive Außenverteidiger sind im modernen Fußball weniger wichtig
geworden.**

Antwort: Falsch

Fragen beantworten Quiz Lösungen

**Nenne den Spieler, der die Rolle der „falschen Neun" unter der Leitung
von Pep Guardiola bei Barcelona perfektioniert hat.**

Antwort: Lionel Messi

**Beschreibe die Hauptaufgabe eines defensiven Mittelfeldspielers im
Fußball.**

Antwort: Der defensive Mittelfeldspieler, auch als „Sechser" bekannt, ist für
den Schutz der Abwehr verantwortlich und oft der erste Spieler im Spielaufbau. Diese Position erfordert taktisches Verständnis, Disziplin und die
Fähigkeit, das Spiel zu lesen.

Nenne zwei moderne Innenverteidiger, die für ihre Fähigkeiten sowohl in der Verteidigung als auch im Spielaufbau bekannt sind.

Antwort: Sergio Ramos und Virgil van Dijk

Lösungen zum Quiz „Rekorde-Quiz"

Multiple-Choice-Quiz Lösungen

Wer hält den Rekord für die meisten Tore in der Geschichte der Fußball-Weltmeisterschaften?

Lösung: C) Miroslav Klose

Für welchen Verein erzielte Lionel Messi die meisten Tore in einem Kalenderjahr?

Lösung: B) FC Barcelona

Wie viele Ballon d'Or Gewinne hat Lionel Messi?

Lösung: C) Sechs

Welcher Verein gewann zwischen 2012 und 2020 acht aufeinander-folgende walisische Ligatitel?

Lösung: C) The New Saints

Wer ist der älteste professionelle Fußballspieler?

Lösung: C) Ezzeldin Bahader

Wahr oder Falsch Quiz Lösungen

Miroslav Klose erzielte 16 Tore in FIFA-Weltmeisterschaften.

Antwort: Wahr

Lionel Messi hat den Ballon d'Or achtmal gewonnen.
Antwort: Falsch

Real Madrid hat 13 UEFA Champions League-Titel gewonnen.
Antwort: Wahr

Manchester United erzielte 1995 gegen Ipswich Town neun Tore in einem Premier League-Spiel.
Antwort: Wahr

Gerd Müller erzielte in einer Bundesliga-Saison 50 Tore.
Antwort: Falsch

Fragen beantworten Quiz Lösungen

Der schnellste Hattrick in der Premier League wurde von __________ in nur 2 Minuten und 56 Sekunden erzielt.
Antwort: Sadio Mané

Die deutsche Fußballnationalmannschaft hat über _______ Spiele in der Geschichte der Fußball-Weltmeisterschaften gespielt.
Antwort: 100

Norman Whiteside ist der jüngste Spieler, der jemals in einer Fußball-Weltmeisterschaft gespielt hat. Bei seiner Teilnahme war er nur _____ alt.
Antwort: 17 Jahre und 41 Tage

Cristiano Ronaldo hält den Rekord für die meisten Tore in der UEFA Champions League mit über _______ Toren.
Antwort: 130

Der brasilianische Torhüter Márcio Victor blieb zwischen 1977 und 1978 insgesamt _______ Minuten ohne Gegentor.

Antwort: 1.816

Lösungen zum Quiz „Kuriositäten"

Multiple-Choice-Quiz Lösungen

Schnellste Rote Karte in einem Länderspiel?

Lösung: B) José Batista

Qualifikationsspiel zur WM 1993 zwischen Barbados und Grenada?

Lösung: B) Barbados erzielte absichtlich ein Eigentor

Hund Pickles im FA Cup-Spiel 1967?

Lösung: B) Er lief mit dem Ball davon

Zeigte sich selbst eine Gelbe Karte?

Lösung: C) Ein Schiedsrichter

Längstes Elfmeterschießen im Profifußball?

Lösung: A) Es wurden über 50 Elfmeter geschossen

Wahr oder Falsch Quiz Lösungen

Asmir Begovi erzielte ein Tor von seinem eigenen Strafraum aus

Antwort: Wahr

Fußballspiel in England 2000 nach nur sieben Sekunden abgebrochen

Antwort: Wahr

Southampton kaufte 1996 Ali Dia, der behauptete, der Cousin von George Weah zu sein

Antwort: Wahr

Fallschirmspringer landete 2013 während eines Spiels in der englischen Vierten Liga auf dem Spielfeld

Antwort: Wahr

Torwart in einer unteren englischen Liga erzielte ein Tor durch den Wind

Antwort: Wahr

Fragen beantworten Quiz Lösungen

Längstes Elfmeterschießen im Profifußball (2005)?

Antwort: Namibia

Polizeihund beeinflusst das schottische Cup-Spiel zwischen _______ und Celtic (1989)?

Antwort: Dundee United

Lev Yashin, „Der schwarze Panther", rauchte während des Spiels?

Antwort: Zigaretten

Spiel zwischen Sheffield United und Arsenal (1927) mit gleichzeitig spielenden Bällen?

Antwort: zwei

Hugo Sánchez wechselte sich selbst aus?

Antwort: auswechselte

Lösungen zum Quiz „Kultur – Fußball und die Welt"

Multiple-Choice-Quiz Lösungen

Erste Live-Übertragung eines Fußballspiels im Fernsehen?
Lösung: A) 1937

Film aus 1981 mit Sylvester Stallone und Pelé?
Lösung: B) Escape to Victory

Hymne der englischen Nationalmannschaft während der Euro ‚96?
Lösung: C) Three Lions

Videospiel, das 1993 eine neue Ära des virtuellen Fußballs einleitete?
Lösung: B) FIFA International Soccer

Fußballmuseum in Zürich?
Lösung: B) FIFA World Football Museum

Wahr oder Falsch Quiz Lösungen

„The Arsenal Stadium Mystery" war der erste Film, der sich ausschließlich dem Fußball widmete
Antwort: Wahr

„The Beautiful Game" von Andrew Lloyd Webber wurde 1990 uraufgeführt
Antwort: Falsch

„Zidane: A 21st Century Portrait" ist eine avantgardistische Dokumentation über Zinédine Zidane
Antwort: Wahr

Das FIFA-Videospiel hat die Art und Weise, wie junge Fans Fußball erleben, verändert

Antwort: Wahr

Fußball wurde nie in Seifenopern thematisiert

Antwort: Falsch

Fragen zum Fragen beantworten Quiz Lösungen

Eduardo Galeano beschreibt in seinem Buch „_______" den Fußball?

Antwort: El fútbol a sol y sombra

Stadion in Barcelona, inspiriert durch Fußball?

Antwort: Camp Nou

Dokumentation über Zinédine Zidane aus 2006?

Antwort: Zidane: A 21st Century Portrait

Nick Hornbys Buch über seine Obsession mit Arsenal?

Antwort: Fever Pitch

Offizielles Lied der Fußball-Weltmeisterschaft 2010, gesungen von Shakira?

Antwort: Waka Waka

Lösungen zum Quiz „Zukunft – Bist du bereit für die Fußballrevolution"

Multiple-Choice-Quiz Lösungen

Einführung des Videoassistenten-Referee (VAR) bei der FIFA-Weltmeisterschaft?

Lösung: C) 2018

Technologie zur Feststellung, ob der Ball die Torlinie überschritten hat?

Lösung: B) Torlinientechnologie

Zweck der Verwendung von Virtueller Realität (VR) im Fußballtraining?

Lösung: B) Zur Verbesserung der Entscheidungsfindung und Spielsituationen

Wahr oder Falsch Quiz Lösungen

Einsatz von E-Tickets und mobilen Apps zur Verbesserung des Fan-Erlebnisses

Antwort: Wahr

Verwendung von Drohnen im Fußball ausschließlich für Sicherheitszwecke

Antwort: Falsch (auch für Trainingszwecke genutzt)

Einsatz biometrischer Sicherheitssysteme zur Verbesserung von Essens- und Getränkeverkäufen

Antwort: Falsch (zur Erhöhung der Sicherheit und Beschleunigung des Einlasses)

Technologie für simuliertes Training

Antwort: Virtuelle Realität (VR)

Smart Fußbälle erfassen Daten wie

Antwort: Geschwindigkeit, Drehung und Flugbahn des Balls

Zunehmend genutzt zur Entwicklung von Spielstrategien und Bewertung von Spielerleistungen

Antwort: Big Data

Lösungen zum Quiz „Nachwuchsstar – Kennst du die Stars von morgen"

Jüngster Torschütze in der Geschichte der spanischen Nationalmannschaft (2020)?

Lösung: A) Ansu Fati

Club, für den Eduardo Camavinga spielte, bevor er als Mittelfeldtalent bekannt wurde?

Lösung: B) Stade Rennes

Spieler, der von Birmingham City zu Borussia Dortmund wechselte?

Lösung: A) Jude Bellingham

Wahr oder Falsch Quiz Lösungen

Giovanni Reyna ist der Sohn des ehemaligen US-Nationalspielers Claudio Reyna:
Antwort: Wahr

Alphonso Davies spielte vor Bayern München in der MLS:
Antwort: Wahr

Erling Haaland ist bekannt für seine Verteidigungsfähigkeiten bei Borussia Dortmund:
Antwort: Falsch

Fragen beantworten Quiz Lösungen

Mittelfeldspieler Pedri spielt für
Antwort: Barcelona

Bukayo Saka hat sich als vielseitiger Spieler bei _______ etabliert
Antwort: Arsenal

Vinícius Júnior kam als Teenager zu
Antwort: Real Madrid

Impressum

1. Auflage

Copyright © 2024 Falco Mautner

Alle Rechte vorbehalten.

Das Werk darf - auch teilweise - nur mit Genehmigung des Verlags vervielfältigt werden.

ISBN: 978-3-98935-633-7

Lucid Page Media (ein Imprint der Orbita Media GmbH)

Ericusspitze 4

20457 Hamburg

Deutschland

kontakt@lucidpagemedia.de

Covergestaltung und Satz: Wolkenart - Marie-Katharina Becker, www.wolkenart.com